I0136030

www.ingramcontent.com/pod-product-compliance
Lightning Source LLC
Chambersburg PA
CBHW070619030426
42337CB00020B/3856
* 9 7 8 1 8 0 3 5 2 7 0 3 1 *

الگوهای بی‌قرار

(درباره پایداری در زندان سیاسی از نگاه رفتارشناسی مغز)

رضا اوستا

نشر دوم

(با تجدیدنظر و اصلاحات)

نام کتاب: الگوهای بی‌قرار
نویسنده: رضا اوستا
شابک:1-703-80352-1-978 :ISBN/SKU
موضوع: پایداری در زندان سیاسی
مشخصات ظاهری: ۲۱۳ ص. غیرمصور.
تماس با نویسنده: Paparezza22@gmail.com

تقدیم به زندانیان سیاسی

در ابتدا

ما مغزمان هستیم، مجموعه‌ای از قوت‌ها و ضعف‌ها.
Dean Buonomano

ضرورت تصمیم‌گیری، انتخاب و واکنش در شرایط دشوار، پیچیده و یا غیرعادی، برای بسیاری از افراد پیش می‌آید. در گذرگاه‌های خطرناک زندگی، هر کس به‌نوعی مجبور به گزینش‌هایی شده و واکنش‌هایی از خود بروز می‌دهد که تاثیراتش تا انتهای زندگی او باقی می‌ماند. دراین‌بین، زندان سیاسی، یکی از دشوارترین و غیرعادی‌ترین شرایطی است که فرد زندانی را به واکنش‌های سرنوشت‌ساز واداشته و او را در وضعیتی قرار می‌دهد که باید تصمیمات حیاتی اتخاذ کند. در رابطه با این‌گونه تصمیمات، که چگونگی پایداری فرد زندانی را مشخص می‌کند همواره دو پرسش مهم مطرح می‌شود:

چرا و چگونه است که برخی از زندانیان سیاسی در مقابله با زندان و شکنجه از خود پایداری بیشتری نشان می‌دهند و برخی کمتر؟

آیا تصمیم‌گیری و واکنش زندانی سیاسی در این شرایط، انتخابی آگاهانه و ارادی از سوی او است؟

علت نگاشتن این کتاب، درواقع، تلاشی است برای پاسخیابی بر این دو پرسش کلی.

البته دراینباره پاسخهای گوناگونی ارائه شدهاند اما واقعیت این است که بیان چیزهایی مانند اینکه کسی شجاع است، انگیزه دارد، وفادار است، ایمان دارد، پایبند به ایدئولوژی است و غیره... بسیار کلی بوده و نمیتواند علت و چگونگی پایداری آدمی در مقابل زندان و شکنجه را روشن کند.

بااینکه میدانیم پاسخهای قانعکننده را میتوان در بررسی تفاوتهای میان انسانها یافت، اما ورود به این موضوع پیچیده، کار آسانی نیست، بهویژه آنکه این بررسی در رابطه با رفتار افراد در شرایط غیرعادی و بحرانی زندان و شکنجه است.

بهمنظور بررسی تفاوتها باید به اطلاعات کافی درباره کارکردهای مغز در شرایط بحرانی دسترسی داشت. اما به دلیل آنکه بررسی کارکردهای مغز انسان در شرایط زندان و شکنجه نه ممکن است و نه انسانی، منابع تحقیقاتی مشخصی نیز در این رابطه وجود ندارند. بیشتر تحقیقات و بررسیهای موجود در رابطه با مغز، یا بر روی حیوانات انجام گرفته و یا آنها که بر روی انسان بوده، جدا از شرایط اجتماعی آنها و عموما در وضعیت عادی و غیر بحرانی انجام شدهاند. و این در حالی است که میدانیم سیستم عصبی انسان در شرایط ویژه و بحرانی به گونهای دیگر عمل میکند.

آیا بررسی ریشههای رفتار زندانیان سیاسی امری امکانپذیر است؟

شاید نشود پاسخ روشنی به این پرسش داد اما به نظر میآید که اینگونه بررسیها بههرحال باید از جایی شروع شوند. برای شروع، میتوان پرسید که

آیا زندانیان سیاسی می‌توانند تصمیم‌های دیگری گرفته و سرنوشت خود را به مسیرهای دیگر اندازند؟

طبیعی است که در جهت پاسخیابی، نیاز اساسی به بررسی "رفتار مغز" و چگونگی "تصمیم‌گیری" احساس می‌شود. همچنین از پرداختن به بحث‌های حساس "خودآگاهی" و "اراده آزاد" نمی‌توان گریخت؛ باید به آن‌ها پرداخت حتی اگر پرداختی مختصر باشد. در این مسیر، مطالب کتاب در ۹ بخش تنظیم شده‌اند:

- بخش اول پیشگفتاری است با عنوان مقدمه‌ای بر زندان و شکنجه.
- بخش دوم به استرس و مغز و احساس درد می‌پردازد.
- بخش سوم با طرح علل تفاوت‌های میان انسان‌ها، به ژنتیک، جهش‌های سلولی و تغییرات اپی‌ژنتیک می‌پردازد.
- با توجه به تاثیرات مهم جامعه در ایجاد تفاوت میان انسان‌ها، بخش چهارم، با عنوان "هویت اجتماعی"، نقش جامعه بر فرد را مورد بررسی قرار داده و در انتها نگاهی بسیار اجمالی به مساله شکنجه‌گر می‌اندازد.
- بخش پنجم به سلول انفرادی، مغزشویی، خواب، درک زمان و زندگی مجازی درون سلول انفرادی اشاره می‌کند.
- بخش ششم به سراغ احساس هویت رفته و سعی در تعریف "خودآگاهی" از زاویه فرد زندانی می‌کند.
- بخش هفتم با اشاره‌ای به "حافظه" به "الگوهای مغز" می‌پردازد.
- بخش هشتم "تصمیم‌گیری" و موضوعات مرتبطی مانند "مغز و انرژی" را مورد بررسی قرار می‌دهد.
- بخش نهم اراده آزاد و موضوع جبر و اختیار را مورد بحث قرار داده و...

کتاب را به پایان می‌رسانیم.

باید تاکید شود که در این کتاب، ساده‌نویسی و خلاصه کردن رفتار پیچیده مغز، نه به‌قصد تقلیل‌گرایی، بلکه به‌منظور ارائه کتابی است مختصر، غیرتخصصی و غیرآکادمیک. اشارات کوتاهی که در اینجا به ساختار و کارکرد مغز و موضوعاتی همچون خودآگاهی و اراده آزاد می‌شود صرفا از زاویه هدف اصلی کتاب یعنی پاسخ‌یابی بر دو پرسشِ مطرح شده است. واضح است که برخی از بحث‌های این کتاب، هرکدام به‌تنهایی می‌توانند موضوع کتاب‌های جداگانه بوده و به‌طور گسترده مورد بررسی قرار گرفته شوند ولی در این نوشتار کلی و مختصر، با تمرکز بر پاسخ‌یابی، به‌طور عمد از ورود به هزارتوی جزئیات و اشاره به مراجع مختلف علمی پرهیز شده است.

در انتها لازم است اشاره شود که منظور از زندان و شکنجه در این کتاب، "زندان سیاسی" و شکنجه‌های مربوط به آن، و منظور از "زندانبان"، نه‌فقط مسئولین زندان بلکه یک اشاره کلی به تمام نیروهای حکومت است.

امید است که این مجموعه -که کوششی است کاملا بی‌ادعا- بتواند مورد استفاده قرار گرفته، ما را به درک بهتری از واکنش‌های انسان در شرایط بحرانی رسانده و بتواند آغازگر بررسی‌های دقیق‌تر در رابطه با زندان سیاسی باشد.

رضا اوستا

۱۴۰۲ – ۲۰۲۳

بخش اول: مقدمه‌ای بر زندان و شکنجه

> زندان سیاسی، یک زندگی سخت، فشرده و بی‌تعارف است.

زندان سیاسی، برای کسانی که آن را تجربه کرده‌اند یک خاطره ماندگار و
همواره است. خاطرات تلخ زندان، وجه اشتراک همه زندانیان سیاسی در تمام
حکومت‌های دیکتاتوری مانند حکومت اسلامی ایران است. در این حکومت‌ها،
زندانی سیاسی از حداقل حقوق یک فرد زندانی نیز برخوردار نبوده و در تمام
مدت تحت انواع فشار و شکنجه قرار داشته و دوران محکومیتش نیز معادل
است با استرس مداوم.

در کارنامه حکومت اسلامی ایران، که سرشار از شکنجه و اعدام است، دهه
شصت را می‌توان دورانی ویژه و بی‌تردید یکی از سیاه‌ترین برگ‌های آن دانست،
به‌گونه‌ای که زندانیان سیاسی آن دوران و خانواده‌های آنان همچنان از آن
دوران به‌عنوان ناگوارترین خاطرات زندگی خود یاد می‌کنند. از زندانیان بازمانده
از آن زمان، کسانی که انواع شکنجه و شیوه‌های مختلف مغزشویی مانند
"تابوت‌ها" و "واحدهای مسکونی" را به یاد دارند و واقعه "قتل‌عام سراسری
زندانیان سیاسی در سال ۶۷" را تجربه کرده‌اند تعداد کمی به بازگو کردن
خاطرات خود و از بین آن‌ها تعداد کمتری به تاثیرات روانی-عصبی زندان و

شکنجه پرداخته‌اند.[۱]

اصولا نوشتن درباره زندان و شکنجه، و ابعاد چندگانه آن، کار آسانی نیست، به‌ویژه آن‌که نویسنده، خود، از نظر احساسی همچنان درگیر باشد.

زندان و شکنجه، آسیبی است آزاردهنده که فراموش کردنش نه ممکن است و نه‌چندان صحیح. باید به آن پرداخت. این امر از آنجا ضروری‌تر می‌شود که عوارض زندان، به فردِ شکنجه‌شده محدود نمانده و به اطرافیان نزدیک به‌طور مستقیم، و به جامعه به‌طور غیرمستقیم، گسترش می‌یابد.

خاطرات زندان و شکنجه به‌عنوان بخش بسیار مهمی از زندگی، با زندانی سیاسی همزیستی خواهد کرد، و پرسش‌هایی که در رابطه با زندان و شکنجه و چگونگی پایداری‌ها، ذهن آنان را درگیر کرده با هر اتفاق، نوشته یا گفته‌ای، زنده شده و بدون دریافت پاسخ‌های قانع‌کننده، دوباره، در زیر انبوهی از روزمرگی‌ها پنهان می‌شوند. پنهان می‌شوند اما از بین نمی‌روند؛ می‌مانند تا با هر تداعی، دوباره ظهور کنند.

گاه فرد زندانی و شکنجه‌شده، در رابطه با خاطرات تلخ زندان، برخورد ویژه‌ای داشته و در تمایل دوگانه فراموش کردن و فراموش نکردن گیر می‌کند.

---

[۱] "تابوت" و "واحدهای مسکونی" دو روش وحشیانه شکنجه بود که برای مدتی در زندان قزل‌حصار (۱۳۶۲-۱۳۶۳) به مرحله اجرا گذاشته شد. با بررسی خاطرات زندانیان از شکنجه‌های وحشیانه و رفتار بشدت غیرانسانی مورد استفاده در تابوت‌ها و خانه‌های مسکونی، متوجه می‌شویم که مراحل آن دقیقا بر اساس مکانیسم "مغزشویی" آن‌هم به غیرانسانی‌ترین شکل ممکن اجرا می‌شده است، مکانیسمی که بیشتر زندانیان جوان از آن بی‌خبر بودند. برای اطلاعات بیشتر می‌توان به گزارش‌های وحید پوراستاد در رادیو فردا و کتاب دوزخ روی زمین نوشته ایرج مصداقی مراجعه کرد.

مغز او از یکسو این خاطرات را تکرار و بازسازی می‌کند تا خطرها و دشمنی‌ها فراموش نشوند و از سوی دیگر به دلیل آزار احساسی، میل به فراموش کردن آن‌ها را دارد. گره‌هایی در ذهن او وجود دارند که در عین آزار دادنش، از سوی برخی از مدارهای پاداشی مغز پاسخ گرفته و دوام می‌یابند. باآنکه فراموش نکردن خاطرات تلخ، نوعی مکانیسم دفاعی مغز برای زنده نگاه‌داشتن رخدادهای مخاطره‌آمیز است، اما بخش‌هایی از مغز هستند که تمایلی به تجربه مجدد احساسات ناگوار گذشته را ندارند. به نظر می‌آید که قسمت‌های مهم مغز همچون فرونتال کورتکس و لیمبیک سیستم، در مورد حفظ یا حذف خاطرات تلخ به توافق نمی‌رسند.[1]

افرادی نیز وجود دارند که سخن گفتن از آثار و عوارض زندان و شکنجه را تضعیف‌کننده روحیه کسانی می‌دانند که قدم در راه مبارزه می‌گذارند.

گفتن از شکنجه و زندان ممکن است در بعضی از افراد حالت بازدارندگی ایجاد کند اما به‌طورکلی باعث گسترش ایده مبارزه آگاهانه در جامعه می‌شود.

باید گفت که ترس نمی‌تواند در درازمدت بر مردم، و بخصوص بر جوانان که موتور بیولوژیک جامعه برای تغییر و نوزایی هستند، تاثیر جدی داشته باشد. اگر ترساندن مردم از شکنجه و زندان می‌توانست به‌عنوان نیروی بازدارنده عمل کند پس چگونه است که باوجود سرکوب‌های مداوم هرروزه، همچنان بر تعداد مخالفان حکومت‌های استبدادی افزوده شده و زندان‌های سیاسی انباشته‌تر می‌شوند؟

---

[1] در قسمت‌های بعد، توضیحات بیشتری در این مورد ارائه خواهد شد.

آگاهی از شرایط زندان و شکنجه و عوارض آن باعث می‌شود که به هنگام مواجهه با آن، تاثیرات منفی کمتری در افراد ایجاد شود. هرچه آگاهی ما از رخدادی که پیش می‌آید بیشتر باشد تاثیر شوک‌آور آن کمتر خواهد بود. ازاین‌رو لازم است که به‌طور دقیق و جدی به عوارض زندان و شکنجه پرداخت و بر روی تک‌تک آن‌ها انگشت گذارد تا بتوان با استدلال بر غیرانسانی و وحشیانه بودن، زندان و شکنجه و عواملش را محکوم کرد.

کسانی که مبارزه با قدرت حاکم را نه‌تنها امری غلط دانسته بلکه آن را به‌نوعی خودکشی تشبیه می‌کنند حتما نمی‌دانند که در میان افرادی که به مبارزه سیاسی روی می‌آورند طیف‌های مختلفی از تحصیل‌کرده‌ها و افراد آگاه جامعه وجود دارند که قصد خودکشی و یا حتی آسیب زدن به خود را ندارند.

تصرف و کنترل منابع و سرمایه‌های ملی توسط عده‌ای محدود، فراهم نکردن امکانات رشد و رفاه و توسعه، تخریب روحیه همکاری و همبستگی جمعی، از بین بردن امید به آینده و آسیب‌های مختلف بر منابع طبیعی و منافع ملی، از عواملی هستند که توانایی‌های زیستی مردم را به خطر می‌اندازد. زمانی که گروهی اندک به قدرت می‌رسند و با کمک گرفتن از انواع فریب‌های مذهبی، ایدئولوژیک، تاریخی، فلسفی و... به‌جای مدیریت صحیح و رشد امکانات زیستی و امنیتی در سطح جامعه اقدام به تصاحب ثروت ملی به نفع خود می‌کنند، منافع اکنون و آینده آن جامعه را دچار آسیب جدی می‌کند. وجود چنین حکومت‌هایی، اقدامی علیه امکان زیست و رشد نسل‌های امروز و فردا است.

همواره عده‌ای پیشتاز وجود دارند که برعلیه سیستم حاکمی که فاسد و مخرب است و شرایط زیستی را برای بقای تمام افراد جامعه به خطر انداخته برمی‌خیزند.

انتقاد، اعتراض و مبارزه مردم با مدیریت غلط و خطرناک حکومت‌هایی که بجای مدیریت صحیح، پویا و هماهنگ با شرایط جامعه، به مالکیت خود و یا گسترش ایده‌های خود متمرکز بوده، آزادی‌های فردی و اجتماعی را محدود کرده و حتی ابتدایی‌ترین حقوق افراد را نیز بشدت محدود می‌کنند، نه خودکشی بیمارگونه، بلکه یک اقدام کاملا منطقی و انسانی، و ادامه مبارزه‌ای است که از ابتدای حیات خود آغاز کرده‌ایم. مبارزه، اولین اصل بقا است، از ابتدا تا انتهای زندگی. و مبارزه با چنین حکومت‌هایی یک ضرورت بیولوژیک و اقدامی در جهت حفظ امکانات زیستی و تضمین بقای جمع است.

هرکس به شکلی به میدان مبارزه سیاسی وارد می‌شود و به یک ایدئولوژی و یا جریان سیاسی خاصی گرایش پیدا می‌کند اما باید گفت که دلیل هر چه که باشد، هسته اصلی مبارزه، یک واقعیت بیولوژیک است و گرایش‌های سیاسی و ایدئولوژیک، پرچم‌های مبارزاتی هستند و نه علت‌های آن. بر روی پرچم‌های مبارزاتی شعارهایی نوشته می‌شوند که همگی، از زوایای مختلف، هسته بیولوژیک مبارزه را توضیح می‌دهند. تملک عمومی بر امکانات، توزیع عادلانه ثروت و استفاده همگان از امکانات زیستی مشترک، همگی از یک منطق بیولوژیک برمی‌خیزد.

مبارزه سیاسی افراد، متکی بر شبکه‌ای است که ریشه در اعماق جامعه دارد و شکستن تعدادی از آن‌ها در شرایط زندان و شکنجه نمی‌تواند آسیبی بر این شبکه عظیم وارد کند. پایداری‌های زندان، با وجود آسیب‌هایش دیر یا زود به

زیر پوست جامعه سرایت کرده و مبارزه با حکومت فاسد را به یک روال تحسین‌برانگیز تبدیل می‌کند. شرایط زیستِ جمعی به‌گونه‌ای ست که مبارزه‌ی حتی یک نفر علیه حکومت‌های فاسد و خودکامه، بر ساختار جامعه اثر گذاشته و به علت داشتن ماهیت اجتماعی و آرمان‌های نفع جمعی، داری ظرفیت سرایت و فراگیر شدن بوده و مانند سایر امور اجتماعی، درنهایت به مشارکت اکثریت مردم تبدیل می‌شود. مردم، دیر یا زود درمی‌یابند که عدم مبارزه سیاسی نمی‌تواند به حفظ حداقل‌های زیستی آن‌ها کمک کرده بلکه باعث از دست رفتن همان امکانات موجود نیز خواهد شد.

بااین‌همه، تا مبارزه هست، آسیب‌هایش نیز وجود خواهند داشت. طبیعی است که مبارزه با حکومت‌های مستبد نمی‌تواند بدون عوارض باشد. آسیب‌های زندان یک واقعیت و بخشی از مبارزه سیاسی در جوامع دیکتاتوری است.

اگرچه شکستن زندانی، اصلی‌ترین مساله زندانبان است، اما برای زندانی سیاسی، بدیهی‌ترین اصل، پایداری است. پایداری به هر شکل ممکن، حتی در چنان شرایط طاقت‌فرسایی، طبیعی‌ترین کاری است که او می‌تواند انجام دهد. ساختار مغز ما بر این اساس بنا شده است که تن به تسلیم شدن به نیروهایی که بقای ما را تهدید می‌کنند ندهیم. به این دلیل زندانی سیاسی، حتی ضعیف‌ترین از نظر جسمی و روانی، میل بسیار شدیدی به پایداری دارد.

اما میل به پایداری به معنای توان پایداری نیست و زندانی سیاسی تا جایی که توان بیولوژیکی و روانی‌اش اجازه می‌دهد می‌ایستد. و نکته اصلی در این است که همه افراد در مقابله با شکنجه‌های مختلف از توان یکسانی برخوردار نیستند.

ما از زندان و شکنجه آسیب می‌بینیم زیرا فشارها بسیار فراتر از محدوده بیولوژیکی ماست. فیزیولوژی ما، مانند هر موجود زنده دیگر، برای بقا ساخته شده است و نه برای تحمل شکنجه. کمترین آسیب، استرس مداومی است که در زندان، پس از زندان، و گاه تا آخرین روزهای زندگی فرد، می‌تواند ادامه داشته باشد. استرس‌های زندان را می‌توان از عوامل اصلی بیماری‌ها و حتی ظهور زودرس بیماری‌های ژنتیک دانست.[۱]

اولین تاثیر مشخص زندان، اغتشاش در نظم فکری و بر هم خوردن سیستم خودتنظیمی (Autonomy) مغز است. گفته می‌شود این‌گونه عوارض در هر فردی که برای مدت بیش از سه ماه قادر به رفتار آزادانه و برنامه‌ریزی اختیاری نباشد پیش می‌آید. ازآنجایی‌که عملکردهای اجرایی احتیاج به اطلاعات، فعالیت‌های فیزیکی، چالش‌های شناختی و روابط اجتماعی دارد، فقدان و یا کمبود این موارد با کاهش فعالیت‌های عادی فرونتال کورتکس، سیستم

---

[۱] لیست طولانی شکنجه‌های مختلفی که در زندان‌های جمهوری اسلامی به‌دفعات بر مردان و زنان و حتی کودکان اعمال شده را در کتاب‌های خاطرات زندانیان سیاسی و همچنین در گزارش‌های سازمان‌های بین‌المللی می‌توان یافت. هنگامی‌که از اعمال شکنجه‌های وحشیانه در زندان‌های جمهوری اسلامی صحبت می‌شود حتما باید از تنوع شکنجه‌ها گفت: محرومیت از ابتدایی‌ترین نیازهای انسانی مانند خواب، غذا، دستشویی، دسترسی به دارو و امکانات درمانی، سلول‌های انفرادی، تابوت‌ها، خانه‌های مسکونی، شکنجه جنسی، بلاتکلیفی و عدم اطمینان از زمان آزادی، ماندن در وضعیت منتظر اعدام، همبندی با زندانیان عادی و خطرناک، بازجویی‌هایی که گویا هیچ‌گاه تمام نمی‌شوند و... بسیاری از آزارها محدودیت‌های دیگر. موارد قابل اشاره کم نیستند.

خودتنظیمی مغز را کاهش و استرس را افزایش می‌دهد.[۱]

بی‌آنکه قصد پرداختن به انواع شکنجه‌ها باشد، باید گفت که اجرای آن، اغلب، از لحظه دستگیری و پیش از ورود به زندان و با بستن چشم‌های زندانی به‌وسیله چشم‌بند و یا هر پوشش دیگر آغاز می‌شود. بستن چشم‌های افراد، نه‌تنها آن‌ها را از دریافت اطلاعات موردنیاز محروم کرده و توان شناختی و واکنشی آن‌ها را کاهش می‌دهد، بلکه اولین نمایش زندانبان در نشان دادن موقعیت خود به‌عنوان قدرت برتر است.

سیستم بینایی یکی از مهم‌ترین ابزار ما در کسب اطلاعات از محیط می‌باشد. یک فرد بینا که به مقدار زیاد به اطلاعات دریافتی از طریق سیستم بینایی خود وابسته است با محرومیت ناگهانی از مهم‌ترین منبع کسب اطلاعات، به ناگاه واکنش‌هایش کاهش می‌یابند. کاهش دریافت اطلاعات از رخدادهای اطراف، باعث اضطراب و استرس در او می‌شود. و ایجاد اضطراب و استرس، اولین اقدام زندانبان در کاهش پایداری در افراد زندانی است.

شکنجه

زندان و شکنجه، متاسفانه، در بسیاری از کشورها وجود دارد و اجرای آن، در هر جای دنیا که باشد، به دلیل تاثیرات عمیقی که بر روح و روان زندانیان می‌گذارد، امری غیرانسانی و نفرت‌انگیز است.

---

[۱] گفته می‌شود که کاهش عملکردهای اجرایی هیپوکمپ و پریفرونتال کورتکس، عامل اساسی اختلال در سیستم خودتنظیمی مغز است که به‌طور مستقیم بر انواع حافظه، توجه متمرکز، کنترل احساسات، شناخت و برنامه‌ریزی اثر می‌گذارد.

شکنجه معمولا همراه است با ایجاد آسیب‌های جدی بر جسم و روان فرد زندانی که اگرچه ظاهرا برای اعتراف گیری به کار گرفته شده و گاه ادعا می‌شود که برای تأدیب و تسلیم کردن فرد زندانی امری لازم است اما در حقیقت ابزاری برای ایجاد اختلال در شناخت و باورهای اوست. زیربنای شکنجه چیزی نیست به‌جز اجرای مراحل مختلف شستشوی مغزی و تسلط بر ذهن زندانی سیاسی، تا او را از هویت اصلی خود تهی کرده و به موجودی تبدیل کند همگون با ارزش‌های قدرت حاکم. اما این‌که زندانبان تا چه حد موفق می‌شود به خواست خود برسد به عوامل بسیار زیادی بستگی دارد.

باید گفت که به شکنجه، به اندازه شدت تاثیراتی که در فرد و جامعه بجا می‌گذارد پرداخته نشده و آسیب‌شناسی دقیقی از تاثیرات آن به عمل نیامده است. حتی اگر فرد شکنجه‌شده متوجه شدت آسیب وارده بر خود نبوده و آن را کمتر از آنچه هست ارزیابی کند اما تاثیرات زندان و شکنجه در روابط فرد با دیگران، در تمام مدت، حضور محسوس و نامحسوس دارد.

در تعاریفی که در بیانیه‌های سازمان ملل از شکنجه آمده، هر عملی که با ایجاد درد جسمی و رنج روحی، به‌منظور مجازات و یا گرفتن اقرار انجام می‌شود را مصداق شکنجه می‌داند. واقعیت این است که با این تعریف، هیچ‌کس به درک روشنی از شکنجه و شرایط فرد شکنجه‌شده نخواهد رسید. شعاع شکنجه، بسیار فراتر از این تعریف می‌رود. شاید به همین دلیل است که این تعریف را برخی از روان‌شناسان و فعالین سیاسی تکمیل کرده و به کار گرفتن هر عملی که به‌قصد دگرگون کردن باورهای فرد و یا به‌قصد بی‌هویتی او و تخریب شخصیتش باشد را شستشوی مغزی و مصداق عینی شکنجه می‌دانند. این تعریف بین شکنجه فیزیکی و شکنجه روانی (معروف به شکنجه سفید) تفاوت

چندانی قائل نمی‌شود و مطالعات روان‌شناختی و فیزیولوژیکی نیز تاکید می‌کند که بین انواع شکنجه‌ها نباید تفاوت چندانی قائل شد. آسیب‌های روانی و استرس‌های دائمی نزد کسانی که در معرض شکنجه‌های غیرفیزیکی قرار گرفته‌اند مشابه و گاه بیشتر از افرادی است که دچار شکنجه فیزیکی شده‌اند.

عنوان شکنجه سفید، در ذهن شنونده، تصویری از شکنجه ایجاد می‌کند که ملایم‌تر است و آسیب چندان جدی‌ای به همراه ندارد. به دلیل ایجاد این تصویر ذهنی، یعنی "عدم آسیب جسمی"، به‌طور ناخودآگاه عوارض روانی شکنجه کمتر مورد توجه قرار می‌گیرد. توصیف شکنجه به سفید، حداقل تا زمانی که شدت آسیب وارده به اعصاب و روان فرد قابل اندازه‌گیری نیست نمی‌تواند یک تقسیم‌بندی صحیح و منطقی باشد.

"کنوانسیون علیه شکنجه" سازمان ملل از کشورهایی که "پیمان ضد شکنجه" را امضا کرده‌اند می‌خواهد که از شکنجه کردن و یا مجازات بی‌رحمانه، غیرانسانی و تحقیرآمیز افراد زندانی خودداری کنند. سازمان ملل اما از محدوده بیانیه و شعار و محکومیت‌های بدون پشتوانه گامی فراتر نمی‌گذارد. درحالی‌که همان‌طور که "امانوئل کانت" فیلسوف آلمانی معتقد بود، شکنجه، امری بشدت غیراخلاقی بوده و اجرای آن توسط هر قدرت حاکم، حداقل باید به معنای عدم مشروعیت و لغو حقانیت آن تلقی شده و در روابط با آن کشور تاثیر بگذارد.

وجود آزادی و رعایت حقوق انسانی شهروندان، پایه حقانیت هر حکومتی است و هر حکومتی که آن را رعایت نکند خودبه‌خود غیرقانونی و بدون کفایت لازم برای ادامه کار می‌شود. کانت به‌درستی تاکید می‌کرد که کشورها و نهادهای بین‌المللی باید نسبت به اعمال شکنجه واکنش عملی نشان دهند و

کمترین واکنش می‌تواند لغو به‌رسمیت شناخته شدن حکومتی باشد که مردم را شکنجه می‌کند.

شکنجه، به هر شکل و اندازه، تهدید و استرس بوده و شرایط خاص و ویژه‌ای برای انسان و جامعه ایجاد می‌کند. زندانبان برای نشان دادن قدرت و برتری خود و ارزش‌هایش، با توسل به شکنجه‌های جسمی، جنسی، روانی، اعتقادی و غیره، برای تحقیر زندانی و نفی باورها و ارزش‌های او اقدام به تحمیل خود بر دیگری آن‌هم به خشن‌ترین شیوه ممکن می‌کند.

مکانیسم شکنجه، مبتنی بر اعمال قدرت است و ماهیتا با چنان شدتی اجرا می‌شود تا سایه این قدرت، برای مدت‌های طولانی باقی بماند و بازتابی فراتر از فرد داشته باشد.

با یک نگاه عمیق‌تر، شکنجه را نمی‌توان تنها به‌عنوان ابزار و یا روش دانست. شکنجه و زندان، یک فرآیند "ضد سیستم" است که هدفش، مختل کردن سیستم شناختی افراد زندانی و تضعیف شبکه منسجم جامعه است.

بااینکه شکنجه، پایمال کردن حقوق انسانی به وحشیانه‌ترین شکل ممکن دانسته می‌شود اما همه جوامع واکنش یکسانی نسبت به آن از خود نشان نمی‌دهند.

برخی ادعا می‌کنند که حساسیت جامعه نسبت به اجرای شکنجه امری فرهنگی است، به همان‌گونه که توزیع ناعادلانه ثروت در فرهنگ برخی از جوامع امری عادی تلقی می‌شود.

باید اشاره کرد که نوع، شدت و فراگیری شکنجه در یک جامعه، به‌جز عوامل فرهنگی، حداقل به سه فاکتور دیگر نیز بستگی دارد: ماهیت قدرت

حاکم، مناسبات اجتماعی، و واکنش بین‌الملل. با توجه به این‌گونه فاکتورها است که شکنجه در برخی جوامع، بی‌پرواتر اعمال می‌شود.

عدم حساسیت به اعمال شکنجه افراد در زندان، دست حکومت را برای اجرای "شکنجه‌های جمعی" نیز باز می‌گذارد.

بی‌توجهی جامعه و عدم حساسیت کافی نسبت به شکنجه، باعث می‌شود تا مبارزان سیاسی، هزینه سنگین‌تری به قیمت جان، سلامت و یا بخشی از سال‌های زندگی‌شان بپردازند. علاوه بر آن، عدم حساسیت جامعه در برابر شکنجه، تاثیر آزاردهنده‌تری بر ذهن زندانیان می‌گذارد. حداقل انتظار زندانی سیاسی از جامعه، برخورد جدی و مسولانه مردم با شکنجه، زندان و اعدام است.

کسی که حتی یک‌بار شکنجه‌شده باشد، تبدیل به انسان دیگری می‌شود با شخصیت جدیدی که در او متولد شده است، تعریف متفاوتی از خود و جامعه پیدا می‌کند که می‌تواند اهمیتی کلیدی در بازسازی روانی او داشته باشد.

درحالی‌که تعاریف درستی که اکثر زندانیان سیاسی از خود و علت مبارزه‌شان دارند می‌تواند کمک بزرگی در التیام زخم‌های زندان و شکنجه باشد اما هستند کسانی که با پذیرش ذهنیت "قربانی" بودن، روزبه‌روز زخم‌های بیشتری بر خود وارد آورده و با گریز از جمع، تاثیرات منفی شکنجه را تقویت می‌کنند. برخی از آن‌ها از بی‌تفاوتی دیگران در مقابل رنجی که او می‌کشد بشدت اذیت می‌شوند.

ژان آمِری (Jean Améry) از بازماندگان هولوکاست، "قربانی" را فردی می داند که نسبت به جامعه دچار بدبینی شدیدی شده است. او، گویا خود را بیان

می‌کند که می‌گوید: کسی که شکنجه را تجربه می‌کند دیگر نمی‌تواند دنیا را خانه امنی برای خود بداند. اعتماد ازدست‌رفته در این شخص هیچ‌گاه به‌طور کامل احیا نخواهد شد زیرا او اکنون کسی است که در تجربه‌اش، همنوعش دشمن اوست.

ژان آمری در سن ۶۶ سالگی خود را کشت.

شکنجه، مانند زخم کهنه و حساسی است که با هر تلنگری به درد می‌آید. این زخم، در سکوت و انزوا، حیاتی طولانی‌تر پیدا می‌کند، در جمعِ مناسب، آرام می‌شود و در جمع نامناسب، در قالب عوارض روانی بروز می‌کند.

بخش دوم: استرس، درد و مغز

> زندان و شکنجه یعنی استرس مداوم، و استرس مداوم یعنی شکنجه.

استرس، در حالت عادی، یکی از طبیعی‌ترین واکنش‌های مغز نسبت به احساس خطر است. اصولا استرس، ترس، اضطراب و درد برای توجه مغز و ایجاد واکنش مناسب نسبت به عامل ایجادکننده آن است. به این جهت، استرس عادی و نرمال را می‌توان علامتی از هشیاری روانی دانست که باعث واکنش‌های مناسب ما و تجدید شدن آگاهی مغز نسبت به وضعیت محیط و آسیب‌های احتمالی می‌شود. استرس لحظه‌ای و کوتاه‌مدت امری طبیعی بوده که به کارکرد بهتر بدن و خون‌رسانی بیشتر نیز کمک می‌کند.

استرس، که اساسا باید رخدادی موقتی بوده و پس از رفع خطر به پایان برسد، در شرایط خاصی مانند زندان سیاسی که خطر و یا احساس خطر از بین نمی‌رود همچنان ادامه یافته و به‌عنوان پدیده‌ای غیرطبیعی به تداوم انتشار و توزیع هورمون‌هایی می‌پردازد که اگرچه در کوتاه‌مدت مفید هستند ولی در درازمدت آسیب‌زننده خواهند بود.

احساس دائمی خطر و استرس‌های مداوم ناشی از شرایط بحرانی و غیرعادی زندان و شکنجه، واقعیتی غیرقابل‌انکار در تمام لحظات زندان‌های سیاسی است.

عوارض جسمی و روانی استرس را باید جدی گرفت. تقریبا تمام بیماری‌های عمده، به‌نوعی به استرس مداوم مربوط می‌شوند. وجود تهدیدها و استرس دائمی ناشی از آن‌ها با تاثیر بر متابولیسم مغز و کاهش فعالیت در فرایندهای حافظه و شناخت و ایجاد اختلال در فرآیند رشد و ترمیم همراه است. [۱]

استرس مداوم، با بحران‌هایی مانند بی‌تناسبی در توزیع انرژی، به‌تدریج سیستم ایمنی را تضعیف کرده و به‌طورکلی شرایط عمومی را برای بیماری‌های قلبی-عروقی، سرطان، افسردگی، خشم، اضطراب، زودرنجی، انزواطلبی، بدبینی، پیری زودرس، فشارخون بالا، دیابت نوع سه و دو، وسواس، فوبیا، میگرن و... آماده می‌کند.

بروس مک‌ایون (Bruce S. McEwen) نورولوژیست، که بر روی تاثیرات مخرب استرس بر مغز، بخصوص بر هیپوکمپ، تحقیقات مفصلی دارد با اشاره به تاثیرات منفی هورمون‌های استرس در تغییرات خلق‌وخو، حافظه، تصمیم‌گیری، متابولیسم و غیره، وجود دائمی استرس را خطری جدی برای سلامتی می‌داند. او به سه نوع استرس اشاره می‌کند:

اول، استرس خوب: که یک نیاز طبیعی و بی‌ضرر انسان در واکنش‌هایی است که باعث افزایش توجه و تمرکز مغز و فراهم آوردن انرژی موردنیاز

---

[۱] ادامه حضور هورمون‌های استرس (مانند کورتیزول) باعث کوچک شدن بخش‌هایی از مغز مانند هیپوکمپ و سینگولار (Anterior Cingulate) و کاهش فعالیتهای فرونتال می‌شود. تداوم کاهش فعالیت فرونتال کورتکس و تضعیف ارتباطش با هیپوکمپ، که گفته می‌شود نقش مهمی در پردازش و تثبیت حافظه دارد، باعث اختلال در یادگیری و ایجاد کاستی‌هایی در فرآیند طبیعی شناخت، مهارت، قضاوت و تصمیم‌گیری مناسب می‌شود.

می‌شود.

دوم، استرس گذرا: که در مرحله‌ای بالاتر از استرس خوب قرار داشته و معمولا برای حل مشکلات زیستی به کار می‌رود.

سوم، استرس دائمی: که وضعیت ادامه‌دار "جنگ یا گریز" است و به معنای ماندن استمراری در شرایط بحران می‌باشد. نتیجه ادامه این وضعیت، فرسایش مغز و دیگر ارگان‌های حیاتی بدن است.

بروس مک‌ایون با بیان اصطلاح "فرسایندگی" در اثر تداوم استرس به مدت بیش از نرمال (Allostatic Load)، به وضعیتی خاص اشاره می‌کند که همواره تقاضای انرژی و یا مصرف انرژی، بیشتر از انرژی موجود بدن است. تداوم این وضعیت، یعنی استرس مداوم، با مکیدن تمام انرژی بدن، آثار مخرب خود را، دیر یا زود، نشان خواهد داد.

با توجه به این مساله که مدیریت استرس از وظایف مهم مغز می‌باشد این پرسش پیش می‌آید که چرا مغز ما نمی‌تواند با مدیریت صحیح خود از بحران انرژی جلوگیری کند؟

پاسخ ساده (و البته صحیح) این است که مغز، یک سیستم یکپارچه مدیریتی نیست. در قسمت‌های بعدی کتاب به این موضوع مهم پرداخته خواهد شد. اما لازم است ابتدا نگاهی بسیار کلی به ساختمان مغز بیندازیم.

درباره مغز

مغز، پرکارترین بخش در سیستم عصبی ما، با حدود ۱۰۰ میلیارد سلول

عصبی به نام نورون (Neuron) و چند صد میلیارد سلول‌های پشتیبان به نام گلیا (Glia)، و بسیاری اجزای دیگر، را می‌توان پیچیده‌ترین دستگاه پردازش اطلاعات، در جهانی که می‌شناسیم، دانست.

باآنکه مدیریت مغز به‌وسیله روابط پیچیده نورون‌ها انجام می‌شود اما می‌توان گفت که کارکرد بهینه آن، بدون پشتیبانی سلول‌های گلیا غیرممکن خواهد بود. سلول‌های مختلف گلیا علاوه بر غذا رسانی به نورون‌ها، به انواع ترمیم‌ها و پاک‌سازی‌های مختلف در درون سیستم عصبی می‌پردازند. عدم پاک‌سازی زباله‌هایی که در اثر فعالیت‌های روزانه در مغز تولید شده‌اند می‌تواند به اختلالات کارکردی نورون‌ها منجر شود. اختلالاتی که در صورت ادامه، به یکسری از عوارض جدی مانند آلزایمر، افسردگی، پارکینسون و... می‌انجامد.

انواع مختلف نورون‌ها نیز هرکدام وظایف مشخصی را به عهده دارند. به‌عنوان‌مثال نورون‌هایی هستند که ارتباط دوسویه بین مغز و "حسگرهای برون‌گر" (Exteroception) را بر عهده دارند. نورون‌های دیگر، از طریق "حسگرهای درون‌گر" (Interoception) ارتباط مغز و سایر ارگان‌های بدن را حفظ می‌کنند و نورون‌های نوع سومی نیز هستند که با بیشترین تعداد و تنوع، به عملکردهای پیچیده مدیریتی مشغول می‌باشند. مغز، اصلی‌ترین بخش از سیستم چندلایه و پیچیده عصبی است، که از سویی مراقب کارکرد بهینه تمام قسمت‌های درونی بدن و از سوی دیگر باید متوجه تغییرات محیط بیرونی باشد، و در اجرای این وظیفه حیاتی بسیار پیچیده، متکی به اطلاعاتی است که از انواع حسگرها دریافت می‌کند. باآنکه بیشترین اطلاعات حسگرهای درون‌گر مورد استفاده مغز قرار می‌گیرند اما مقدار بسیار زیادی از اطلاعات حسگرهای برون‌گر، اساسا، غیرمفید بوده و پس از مدتی از بین می‌روند.

سیستم عصبی موجودات، صرفا برای بقای فرد و تداوم نوع، سازمان یافته‌اند و به اطلاعاتِ در حد نیاز بسنده می‌کنند تا از اتلاف انرژی جلوگیری کرده باشند. مغز ما اهمیتی نمی‌دهد که واقعیت بیرون بسیار بیشتر از آن چیزی است که دریافت می‌کند. حسگرهای ما نیز در مسیر تکامل خود به‌گونه‌ای سامان یافته‌اند تا فقط بخشی از واقعیت بیرون، و نه تمام آن را، دریافت کرده و به شکل امواج بیوالکتریکی قابل‌فهم برای مغز، تبدیل و ارسال کنند. آزمایش‌های آلفرد یاربوس (Alfred L. Yarbus) روان‌شناس روس، با مطالعه بر حرکات چشم‌ها و پرش آن‌ها از نقطه‌ای به نقطه دیگر، به‌خوبی نشان می‌دهد که مغز ما با کنترل حسگرها، فقط در جستجوی آن اطلاعاتی است که نیاز دارد.

مغز ما نه توانایی بررسی میلیاردها اطلاعات اضافی را دارد و نه نیاز به دانستن همه‌چیز را. کسب اطلاعاتی مانند مغناطیس زمین اگرچه برای جهت‌یابی برخی از پرندگان یک ضرورت است اما فایده چندانی برای ما ندارد. ما برای بقا نیاز نداریم که مانند عقاب ببینیم، مانند خفاش بشنویم و یا قدرت بویایی سگ را داشته باشیم. ازآنجایی‌که بقای موش به دریافت بوهای مختلف بستگی دارد، حدود چهل درصد از مغز او به سیستم بویایی‌اش اختصاص یافته، درحالی‌که سیستم بویایی در مغز انسان فقط سه درصد است. اما حدود یک‌سوم از مغز ما به‌نوعی در اختصاص سیستم‌های قدیمی و جدید بینایی قرار گرفته است که نشانگر اهمیت این نوع اطلاعات در حفظ موجودیت ما می‌باشد.

باآنکه در پروسه میلیون‌ها سال فرگشت، سیستم‌های جدیدی در مغز ما ایجاد شده‌اند اما سیستم‌های قدیمی‌تر نیز همچنان به فعالیت‌های خود ادامه می‌دهند. ازاین‌رو برخی از فیزیولوژیست‌ها و نورولوژیست‌ها به‌ویژه فرانسوا ژاکوب

(François Jacob) و دیوید لیندن (David J. Linden) به دلیل باقی ماندن سیستم‌های قدیمی، مغز انسان را، هم در سطح زیست‌شناختی و هم در سطح رفتاری، یک آشفته‌بازار می‌دانند. آن‌ها حفظ سیستم‌های قدیمی در مغز را غیرضروری و صرفا مصرف‌کننده انرژی دانسته و فرگشت را نه یک مهندس، بلکه یک سرهم‌بند می‌نامند که چیزها را روی‌هم قرار داده تا فقط پاسخی برای مشکلات موجود پیدا کرده باشد.

اما به نظر می‌آید که حفظ سیستم‌های قدیمی‌تر (بینایی، بویایی و...) در مغز، نه‌تنها اشتباه نبوده بلکه اقدامی منطبق بر انتخاب طبیعی و نیازهای فرگشتی باشد. به‌عنوان نمونه به دو سیستم قدیم و جدید بینایی می‌پردازیم: سیستم قدیم بینایی که در قسمت ابتدایی مغز ما قرار داشته و دارای عملکردی کاملا مشابه با سیستم بینایی در جاندارانی مانند موش و قورباغه می‌باشد به‌عنوان اولین و فوری‌ترین ایستگاه دریافت‌کننده سیگنال‌های بینایی از چشم است. سیستم جدید بینایی که منطقه بسیار وسیعی از مغز جلویی و میانی ما را درگیر کرده، با قابلیت تفسیرهای بیشتر و دقیق‌تر از سیگنال‌های بینایی و سنجش آن‌ها با اطلاعات موجود در حافظه، نیاز به مصرف انرژی بسیار زیادی دارد. ازاین‌رو، سیستم قدیمی بینایی با بررسی سیگنال‌های دریافتی، در صورت لزوم مرکز توجه را فعال کرده و با چرخش سر و چشم‌ها به‌سوی سوژه، ما را قادر می‌سازد تا فقط هنگامی‌که نیاز است اطلاعات بیشتری کسب و پردازش کنیم.

مغز نه یک آشفته‌بازار است و نه یک سرهم‌بند. وجود هر دو سیستم قدیمی و جدید لازم است: اولی سریع است و بدون تفسیر دقیق (زیرا سرعت در ایجاد واکنش به هنگام وجود خطر، بسیار سرنوشت‌ساز است)، و دومی سیستمی

کندتر اما با جزئیات و تفاسیر دقیق‌تر، و بیشتر مناسب برای طرح و برنامه‌ریزی. به‌طور خلاصه می‌توان گفت که ما با ادغام تفسیرهای دو سیستم قدیمی و جدید است که می‌بینیم و نتیجه نهایی دیدن، برآیندی است از عملکرد هر دو سیستم.

ژوزف لِدو (Joseph E. LeDoux) دانشمند عصب‌شناس آمریکایی نیز از دو مدار در سیستم دفاعی مغز نام می‌برد: "مدار قدیمی" که مستقیما رفتار و پاسخ‌های فیزیکی ما را کنترل می‌کند و با طی مسیر کوتاه تالاموس-آمیگدالا واکنش‌های آنی ما را باعث می‌شود، و "مدار جدید" با مسیر طولانی‌تر تالاموس-پری‌فرونتال-آمیگدالا، که درک آگاهانه‌تری نسبت به خطر داشته و با استفاده از اطلاعات ذخیره شده فرونتال، امکان مهار آمیگدالا را ممکن می‌سازد.

وجود و هماهنگی دو مدار قدیمی و جدید نه‌تنها روش‌هایی صرفه‌جویانه بوده بلکه کارکرد بهینه مغز انسان را باعث می‌شود. اما نکته مهم این است که مدارهای قدیمی و جدید از دو منبع اطلاعاتی مختلف حافظه استفاده می‌کنند. (در بخش تصمیم‌گیری به این نکته مهم و همچنین رابطه فرونتال و آمیگدالا اشاره خواهد شد.)

بااینکه نحوه کارکرد حسگرها و کیفیت ارسال سیگنال‌ها و پردازش اطلاعات در مغز همه افراد یکسان نیست اما مکانیسم‌های هشداردهنده در مغز اکثر انسان‌ها تقریبا مشابه است. همه انسان‌ها، کم‌وبیش، نسبت به سیگنال‌های با شدت بالاتر از حد معین (مانند صدای بلند و یا حرکت سریع چیزی) حساسیت داشته و به‌طور طبیعی آن‌ها را به‌عنوان خطر شناسایی می‌کنند؛ هرچند که این قابلیت، عمدتا بر اساس حافظه افراد و تجربیاتی که داشته‌اند، تعبیرهای متفاوتی پیدا کرده و باعث می‌شود تفسیر مغز هر انسان از خطر،

متفاوت از تفسیر افراد دیگر باشد. بااین‌همه، احساس خطر، در تمام انسان‌ها به معنای استرس، اضطراب و بی‌قراری و انتشار هورمون‌های ویژه است.

گفته می‌شود که مدیریت اصلی استرس با لیمبیک سیستم و به‌ویژه هسته مرکزی آن، آمیگدالا است. بیشتر منابع علمی، "لیمبیک سیستم" (Limbic System) را موثرترین بخش مدیریت واکنشی مغز دانسته و از هسته مرکزی آن، آمیگدالا، به‌عنوان "مغز غریزی"، "مغز شامپانزه‌ای" و یا "مغز حیوانی" نام می‌برند. لیمبیک سیستم و آمیگدالا، به علت اهمیتی که در تصمیم‌گیری‌ها و رفتار ما دارند بسیار بحث‌برانگیز شده‌اند. این قسمت از مغز احتمالا همان است که فروید از تاثیراتش به‌عنوان ناخودآگاه نام برده و معتقد بود فرمان بسیاری از رفتارهایی که به‌طور ناخودآگاه انجام می‌دهیم و یا کنترلی درباره آن‌ها نداریم از همین بخش صادر می‌شوند.

آمیگدالا را مرکز ترس، خشونت و تحریک‌های جنسی و تغذیه‌ای می‌دانند که به هنگام خطر و یا لذت، بیشترین فعالیت پروتئینی و بالاترین مصرف گلوکز و اکسیژن را دارد.

مهم‌ترین مشخصه آمیگدالا در این است که هسته اصلی برنامه‌های بقا و تکثیر را در خود داشته و مدیریت قدرتمند خود را بر آن اساس به پیش می‌برد. آمیگدالا در جهت برنامه بقا است که خطرها را آموخته، در حافظه خود ذخیره کرده و نسبت به آن‌ها شرطی می‌شود. فوبیاهای مختلف (مانند ترس از اجتماع، ترس از ارتفاع و غیره) در نتیجه تجربیاتی است که بر اثر رخدادهای قبلی در آمیگدالا ثبت شده و اینک به اشکال مختلف خود را نشان می‌دهند.

گفته می‌شود که آمیگدالا در ارتباط با همسایه خود "اینسولا" به‌طور

اختصاصی به مسائل مربوط به ترس و احساس خطر رسیدگی می‌کنند و با کمک همسایه دیگرش "هیپوکمپ" به کار توجه و حافظه‌های بلندمدت می‌پردازند. قسمت محیطی آمیگدالا مسئول ترس‌های درونی (مانند فوبیا) و قسمت مرکزی آمیگدالا به ترس‌های بیرونی (مانند خطر) رسیدگی می‌کند.[۱]

مشخص شده است که آمیگدالای مغز کسانی که درگیر PTSD، حملات اضطرابی و استرس‌های مداوم هستند، بزرگ‌تر و حساس‌تر از نرمال بوده، در مقابل کمترین تحریک فعال شده و دیرتر از معمول آرام می‌گیرد. کسانی که به دلایل ژنتیک و یا بر اثر تجربیات زندگی دارای لیمبیک سیستم فعال‌تر و آمیگدالای حساس‌تری هستند با تصور روبرو شدن با خطرهایی مانند زندان و شکنجه، بشدت دچار ترس و نگرانی و حتی حمله‌های عصبی می‌شوند. برخی از این افراد در همان ابتدای دستگیری و بازجویی، تسلیم شده و به خواسته‌های زندانبان تن می‌دهند. حافظه آمیگدالای این افراد، سرشار از تجربیات ترس و خطری است که در طول زندگی کسب و ذخیره کرده‌اند.

بیش از نیمی از رفتارهای واکنشی ما، به‌طور مستقیم، ریشه در برنامه‌های محافظتی و دفاعی آمیگدالا دارند.

ما دو سیستم محافظتی داریم که گفته می‌شود کارکرد هماهنگی دارند. یکی سیستم ایمنی و دیگری یک سیستم هشدار است به نام H.P.A (محور هیپوتالاموس-هیپوفیز-فوق‌کلیه). سیستم هشدار H.P.A به‌عنوان مدار اصلی پاسخگویی به استرس، با احساس خطر فعال شده و با اختصاص انرژی به

---

[۱] ترس‌های فوبیا را به این دلیل ترس‌های درونی می‌نامند که منشأ بیرونی نداشته و هیچ خطری از بیرون، فرد را تهدید نمی‌کند. علت واقعی این ترس‌ها در حافظه‌هایی است که در اثر تجربیات ناگوار گذشته ایجاد شده و اکنون با هر تداعی تحریک می‌شوند.

بخش‌های موردنیاز، باعث کاهش فعالیت بخش‌های غیر لازم در آن لحظه (مانند سیستم ایمنی) می‌شود. امری که در صورت تکرار بیش‌ازحد، می‌تواند زمینه‌ساز بسیاری از بیماری‌ها گردد. به این طریق، استرس مداوم، با فعالیت بی‌وقفه سیستم هشدار و کاهش سیستم ایمنی، شرایط را برای بروز بیماری‌های مختلف فراهم می‌کند.

فعال شدن سیستم هشدار با تشدید ضربان قلب و بازتر شدن مجاری تنفسی، شرایط را برای واکنش‌های سریع و توزیع انرژی موردنیاز ماهیچه‌ها آماده می‌کند. در این راستا، فعالیت بخش‌هایی از مغز مانند فرونتال کورتکس نیز کاهش یافته و ارتباطش با هیپوکمپ تضعیف می‌شود. این به معنای آن است که تفکر منطقی ما کند می‌شود تا قسمت‌های دیگر مغز فعال شوند. به این دلیل، استرس‌های شدید، معمولا افراد را به‌سوی ریسک‌های غیرمنطقی‌ای می‌راند که بیشتر با تفاسیر آمیگدالا هماهنگ هستند.

گفته می‌شود که هرچه مغز در حل مشکلات و در مقابله با شرایط خاص توانایی کمتری از خود نشان دهد و یا اینکه رخدادها فاصله بسیار زیادی با پیش‌بینی‌ها و آمادگی‌های قبلی ما داشته باشند، تاثیرات قوی‌تری را در ذهن ایجاد کرده و ثبت آن‌ها با کیفیت بالاتر و در مکان‌های مطمئن‌تر مغز انجام می‌شود. شاید بتوان مهم‌ترین علت ماندگاری خاطره‌های ناگوار در مغز را در چگونگی واکنش ما به وضعیت پیش‌آمده دانست. این به معنای آنست که هرچه واکنش ضعیف‌تری در مقابل مشکلات و شرایط بحرانی داشته باشیم، حافظه‌های قوی‌تری از آن‌ها در مغز ما ایجاد شده که میل بسیار زیادی به تکرار دارند. به همین دلیل گفته می‌شود کسانی که مدیریت ضعیف‌تری در مقابله با تجربیات ناگوار زندگی داشته‌اند، ذخیره بالاتر و خاطره‌های ماندگارتری

از آن تجربیات را در لیمبیک سیستم و به‌ویژه در آمیگدالای خود حفظ می کنند تا حساسیت و هشیاری بالاتری نسبت به محیط داشته باشند.

دکتر وندرکولک (Bessel Van Der Kolk) باور دارد که ناتوانی مغز در انجام‌وظیفه اصلی‌اش یعنی مدیریت بقا، تبدیل به گره‌های واکنشی شده و به اشکال مختلف تروما (آسیب‌های استرسی) بروز می‌کند. او معتقد است که معمولا واکنش کافی و مناسب مغز در مقابل خطر، یک امر عادی بوده و پس از مدتی فراموش می‌شود اما واکنش نامناسب و ناکافی همچنان در مدارهای مغز تکرار می‌شوند و این تکرار آزاردهنده را ما به‌عنوان تروما و آسیب می‌شناسیم.

به گفته وندرکولک، تروما خود رخداد نیست بلکه انعکاسی از واکنش‌های ناکافی ما نسبت به آن رخداد است.

با توجه به نظر وندرکولک، آیا می‌توان نتیجه گرفت که واکنش‌های نامناسب و یا ناکافی مغز به هنگام زندان و شکنجه, علت اصلی بی‌قراری‌های بعدی می‌شود؟

احساس درد

شکنجه، چه جسمی باشد و چه غیرجسمی، ایجاد آسیب می‌کند اما شکنجه جسمی، ترومایی است که نه‌تنها خاطره‌هایی ماندگار در حافظه ایجاد می‌کند بلکه، بر اساس گفته وندرکولک، حتی قسمت‌هایی از بدن هم هیچ‌گاه آن‌ها را فراموش نمی‌کنند.

شکنجه جسمی یعنی ایجاد درد شدید و مجبور کردن مکانیسم دفاعی مغز

به تسلیم شدن.

احساس درد که واقعیتی است فیزیولوژیک و در اکثر مواقع امری لازم و گاه حیاتی برای موجودات محسوب می‌شود، در نتیجه تفسیر مغز از سیگنال‌های خاصی است که دریافت می‌کند. این سیگنال‌ها به دلیل ضربه، برش، التهاب، محرک‌های شیمیایی، گرمایی... و هر گونه آسیبی که به قسمتی از بدن وارد می‌شود از سوی حسگرهای ویژه‌ای به نام نوسی‌سپتورز (Nociceptors)، که کم‌وبیش در تمام نقاط بدن وجود دارند، تولید و به‌سوی مغز فرستاده می‌شوند. هدف از ارسال سیگنال‌های درد به مغز، گریز از عامل درد، افزایش فعالیت‌های ترمیمی، و همچنین ثبت در حافظه است.

هنگامی که بر اثر شکنجه و یا هر روش آسیب‌زننده فیزیکی و شیمیایی، ساختار متعادل گیرنده‌های حسی به هم ریخته و غلظت یونی داخل و بیرون آن تغییر می‌کند، پتانسیل الکتریکی بالایی در سلول حسگر تولید می‌شود. انباشت بار الکتریکی تا حد معینی، حرکت آن به‌طرف سلول بعدی و نهایتا بسوی مغز را باعث می‌شود.[۱]

فقط زمانی که این سیگنال‌ها به بخش‌های خاصی از مغز که سلول‌های اختصاص یافته دارند می‌رسد درد احساس شود. شبکه‌ای که درد را دریافت و

---

[۱] اگر این انباشت الکتریکی از حد معینی بگذرد ارسال سیگنال متوقف می‌شود. به اولین لحظه‌ای که سیگنال درد ارسال می‌شود. "آستانه درد" (Pain Threshold) گفته می‌شود. و لحظه‌ای که ارسال سیگنال درد متوقف می‌شود را "آستانه تحمل درد" (Pain Tolerance) می‌نامند. علاوه بر آن، مکانیسم دفاعی خودکاری به نام DownRegulation of Receptor وجود دارد که در صورت تحریک بیش از حد نورونها و امکان آسیب به آنها، با کاهش حساسیت گیرنده‌ها باعث می‌شود که، در مواردی، درد کمتری حس شود.

تفسیر کرده و موتورهای محرک واکنشی را تحریک می‌کند به نام ماتریکس درد (Pain Matrix) معروف است. ماتریکس درد، شبکه وسیع و پیچیده‌ای است که چندین قسمت پسین و میانی مغز ما را در بر می‌گیرد.

سیگنال درد، طول سلول‌های عصبی را به شکل تکانه‌های الکتریکی طی کرده تا به کمک مواد شیمیایی انتقال‌دهنده عصبی (Neurotransmitters) به سلول بعدی منتقل شود. در این مسیر، افزایش و کاهش انتقال‌دهنده‌های وادارنده (excitatory) مانند دوپامین، گلوتامات و انواع آدرنالین، و یا بازدارنده (inhibitory) مانند سروتونین و گابا، به‌طور مشخص در انتقال سیگنال‌های درد نقش مهمی بازی می‌کنند.

درد دارای مکانیسم نسبتا پیچیده‌ای است ولی به‌طور کلی می‌توان گفت که واقعیت‌های فیزیولوژیکی و روانی ما با تاثیرات مستقیم و غیرمستقیم تعیین می‌کنند که چه مقدار درد حس شود. کیفیت انتقال‌دهنده‌های عصبی، آستانه درد، آستانه تحمل درد و قابلیت مکانیسمهای خودکار مغز در هیچ یک از افراد، مشابه و یکسان نیست. به عبارت روشن‌تر، تولید و انتقال سیگنال‌های درد در انسان‌ها به یک شکل و اندازه نبوده و همه ما درد ایجاد شده بر اثر شکنجه (و یا هر آسیب دیگر) را به یک اندازه حس نمی‌کنیم.

یک بیماری کمیاب ژنتیک به نام "عدم حساسیت مادرزادی به درد" با نام اختصاری (Congenital Insensitivity to Pain with Anhidrosis) CIPA وجود دارد که باعث می‌شود افراد مبتلا به آن هیچ‌گونه درد (و یا سوختگی) را حس نکنند. این افراد هیچ تجربه‌ای از درد نداشته و با اینکه از نظر روانی می‌توانند با درد دیگران احساس همدردی کنند ولی خودشان هرگز چیزی بنام درد جسمی را تجربه نکرده و درکی از آن ندارند.

در نقطه مقابل آن‌ها، عده دیگری وجود دارند که با ابتلا به یک بیماری ژنتیک به نام "پر دردی" (Hyperalgesia) حساسیت بسیار بالایی نسبت به درد از خود نشان داده و آن را بیشتر از دیگران حس می‌کنند. و یا افرادی که به آلودینیا (Allodynia) مبتلا هستند حتی در مقابل فشار یک انگشت، درد بسیار زیادی حس می‌کنند.

تصور می‌توان کرد که احساس درد نسبت به شکنجه‌ی جسمی در هرکدام از این افراد، چگونه می‌تواند باشد.

نمونه‌های ذکر شده، تقریبا از موارد حاد و کمیاب بوده و اکثر انسان‌ها در میان این دو قطب قرار دارند. در یک سوی قطب، عدم حساسیت به درد و در سوی دیگر، حساسیت فوق‌العاده به درد قرار داشته که در بین آن‌ها طیف وسیعی از انسان‌ها وجود دارند با حساسیت‌های متفاوتی نسبت به درد. حساسیت‌های انسان‌ها نسبت به درد مشابه یکدیگر نیست و می‌توان گفت که هرکس درد را به شیوه خاص خود تجربه می‌کند. دو فرزند یک خانواده و حتی دوقلوها نیز درد را به‌طور یکسان احساس نمی‌کنند.

حساسیت یک فرد نسبت به درد چیزی نیست که در طول زندگی و در شرایط مختلف، ثابت و بدون تغییر باقی بماند. تغییراتی که بر اثر افزایش سن، بیماری‌ها و درمان‌ها در شخص پدید می‌آید، اشکالات سیستم ایمنی (مانند بیماری‌ام.اس که بر اثر تخریب پوشش‌های مایلین (myelin sheath) در سلول‌های عصبی به وجود می‌آید)، تغییرات فیزیولوژیکی، تجربیات مختلف زیستی‌ـاجتماعی و بسیاری موارد دیگر همگی می‌توانند کیفیت احساس درد در افراد را تغییر دهند.

نقش عوامل متعدد جسمی، روانی، تجربی و اجتماعی، و عواملی مانند ترس، استرس، اضطراب، افسردگی، گرسنگی، خستگی، اعتیاد، جنسیت، رژیم غذایی، بیماری، داروهای مصرفی و... را در کیفیت احساس درد و پایداری‌های زندان نمی‌توان نادیده گرفت. به‌عنوان نمونه گفته می‌شود کسانی که به اوتیسم دچار هستند و یا حتی برخی از زنان در دوران بارداری، آستانه تحمل درد بیشتری دارند، و کسانی که درگیر استرس و اضطراب و ترس هستند دارای آستانه تحمل درد کمتری می‌باشند.

اگر فرد دستگیر شده درگیر استرس و اضطراب شدید باشد، بسیار ناپایدارتر از دیگرانی است که به این عوارض مبتلا نیستند. او صحنه‌های شکنجه را پیش از آنکه اتفاق بیفتد با تمام جزئیات در ذهن خود تصویر کرده، آن‌ها را خطرناک‌تر و وحشتناک‌تر از آنچه ممکن است رخ دهند تجسم کرده و تمام تاثیرات فیزیولوژیکی و دردهایش را، حتی بیشتر از واقعیت، حس می‌کند.

در اغلب موارد، فرد دستگیر شده را ابتدا در محلی قرار می‌دهند تا شنونده (و یا بیننده) شکنجه شدن دیگران باشد.

دیدن و یا شنیدن شکنجه شدن دیگران، مدارهای ماتریکس درد در مغز انسان را آن‌چنان تحریک می‌کند که گویی خود او در حال شکنجه شدن است.

افرادی که دچار استرس و اضطراب شدید هستند حتی اگر ناظر اجرای شکنجه روی عروسکی که هیچ دردی احساس نمی‌کند باشند، باز شبکه‌های

درد در مغز آن‌ها فعال می‌شوند.[1]

با اینکه دیدن درد و رنج دیگران، به‌طور کلی باعث تحریک آمیگدالا می شود ولی ناظر شکنجه شدن کسی که با او دارای رابطه نزدیک و عاطفی باشی چیز دیگریست؛ به‌ویژه اگر فرد شکنجه شونده، یکی از اعضای خانواده باشد. در این وضعیت، علاوه بر شبکه‌های درد، قسمت‌هایی از لیمبیک سیستم و شبکه‌های اجتماعی فرونتال نیز تحریک شده و تاثیرات احساسی بسیار قوی‌تری در فرد می‌گذارد.

احساس درد در مغز بدون دریافت هیچ سیگنال درد از نقطه‌ای از بدن، مغز را دچار آشفتگی و سردرگمی می‌کند و همین مسئله است که مقابله با این وضعیت را مشکل‌تر می‌کند.

به‌طور کلی عوامل بسیاری وجود دارند که می‌توانند در کیفیت احساس درد اثر گذاشته و شدت آن را کم‌وزیاد کنند. علاوه بر عوامل ژنتیک، تاثیرات اپی‌ژنتیک، کمیت و کیفیت انتقال‌دهنده‌های عصبی و تغییرات هورمونی، می توان از وضعیت روانی، اهداف و باورها، سن افراد و شرایط زیستی آن‌ها و حتی

---

[1] به‌طورکلی در مغز فردی که ناظر شکنجه است چند شبکه فعال می‌شوند. یک شبکه با تحریک سلول‌های آینه‌ای اقدام به بازآفرینی صحنه ذهنی مشابه آنچه فرد دیده و یا شنیده می‌کند. این احساس، به معنای یکی شدن با فرد دیگر نیست. او همچنان خود و دیگری را دو وجود جداگانه می‌داند اما احساس خطر را در مغز خود بازسازی کرده و "ترس از درد" با تحریک قسمت‌هایی مانند (Anterior Cingulate Cortex) باعث می‌شود او صحنه شکنجه شدن خود را به‌روشنی و دقت بالا تجسم کند.

تداخل سیگنال‌های حسگرهای مختلف و بسیاری عوامل موثر دیگر نام برد.[1]

به‌عنوان نمونه می‌توان به تاثیر تمرکز بر درد، حجم و مقدار حافظه و تجربه‌های موفق و یا ناموفقی که در گذشته داشته‌ایم نام برد. ما هنگامی‌که تمرکز خود را متوجه درد می‌کنیم آن را بیشتر حس می‌کنیم. عکس این هم صادق است و توجه و تمرکز به چیزی دیگر باعث کاهش احساس درد می‌شود. این مساله در آزمایش‌های تجربی مختلف مورد بررسی قرار گرفته و مشخص شده است که تمرکز افراد بر چیز دیگر، مثلا بازی کامپیوتری، باعث شده که درد سوزن و یا شوک الکتریکی، حدود ۳۰ تا ۳۵ درصد کمتر حس شود. علت اصلی این است که مغز نمی‌تواند هم‌زمان به دو چیز تمرکز کند. مغز برای انجام کارهای هم‌زمان، به‌طور مرتب و سریع از یک مدار به مدار دیگر پرش می‌کند. تحقیقات مختلف هم نشان داده‌اند که ورود دو محرک جداگانه به‌طور هم‌زمان در سیستم عصبی، اثر یکی از آن‌ها را به نفع دیگری کاهش می‌دهد. به‌این‌ترتیب فردی که حواس خود را کاملا به چیزی دیگر متمرکز کند می‌تواند سایر محرک‌ها، مانند درد را کاهش دهد.

توجه به یک موضوع، باعث افزایش فعالیت مدارهای مربوطه در مغز شده و فعالیت مدارهای دیگر را کاهش می‌دهد. به‌طور کلی توجه و تمرکز بر هر چیز باعث تقویت مدارهای آن در مغز می‌شود. به همین دلیل آنگاه که تلاش

---

[1] در آزمایشهای مختلف مشخص شده است سیگنالهایی که از حسگرهای دیگر، مـثلا از گوش و یا چشم به مغز می‌رسند اگر همزمان با ارسال سیگنالهای درد باشند می‌توانند بـر کیفیت احساس درد تاثیر بگذارند. در یک آزمایش تجربی که میله‌های یخزده را بر پشت دست افراد قرار دادند مشخص شد که تابانیدن نور قرمز بـر چشم افـراد بـه‌طور همزمـان باعث افزایش احساس درد در آنها شده و نور آبی برعکس به کاهش احسـاس درد منجـر می‌شود.

می‌کنیم از اندیشه‌ای و یا خاطره‌ای فرار کنیم، تلاش ما بر عکس، باعث تقویت آن‌ها می‌شود.

البته کنترل توجه و تمرکز، کار ساده‌ای نبوده و احتیاج به تمرین زیادی دارد. بسیاری از دراویش و مرتاض‌ها با تمرینات فراوان، تمرکز آگاهانه و ارادی را آموخته و در صورت نیاز می‌توانند با کنترل توجه مغز خود، از تمرکز بر درد به‌طور کامل اجتناب کنند. اما هستند افرادی که بنا بر شرایط زیستی و تجربیات زندگی، در کنترل توجه و تمرکز خود موفق‌تر از بقیه عمل می‌کنند. این افراد قادر خواهند بود که بجای تمرکز بر مشکلات، دردها و حتی شکنجه‌های زندان، تمرکز خود را به‌سوی مسایل دیگر بکشانند.[۱]

علاوه بر توجه و تمرکز، گفته می‌شود که حجم و مقدار حافظه، به‌ویژه آنچه در قسمت‌های مختلف نیوکورتکس داریم می‌تواند بر مقدار احساس درد در ما تاثیر داشته باشد. از دهه ۱۹۶۰ که محققان شروع به بررسی نقش محیط بر ساختار مغز کرده‌اند به نتایج جالبی رسیده‌اند. آن‌ها متوجه تاثیر محیط بر کیفیت انتقال‌دهنده‌های عصبی و همچنین تعداد سیناپسها و طول دندریت‌های مغز شده و رابطه‌ای مستقیمی بین ضخیم‌تر شدن کورتکس مغز و روابط پیچیده اجتماعی افراد یافته‌اند. سپس از نظر آماری مشخص شد کسانی که کورتکس ضخیم‌تری دارند عموما کمتر دچار استرس و اضطراب شده و مقاومت بیشتری در برابر درد از خود نشان می‌دهند. این افراد کمتر از دیگران دچار یاس و ناامیدی شده و دیرتر تن به تسلیم می‌دهند.

---

[۱] در بخش تصمیم‌گیری به موضوع "خودکنترلی" خواهیم رسید.

در تحقیقات نیروی دریایی انگلیس پس از جنگ جهانی دوم، آمار غرق‌شدگان نیروی دریایی در طی جنگ نشان داد که بیشتر آن‌ها که غرق شدند افراد جوان‌تر بودند و اکثر کسانی که نهایتا نجات یافتند افراد میان‌سال و مسن‌تر بودند. پس از بررسی‌ها مشخص شد که این افراد، بر اساس تجربیاتی که در زندگی خودکسب کرده، آموخته بودند که دیرتر ناامید شوند.

ثبت تجربه‌های موفق و یا ناموفق در حافظه، سطح انتظار و کیفیت پیش‌بینی‌های افراد را تغییر داده و بر نحوه پایداری آن‌ها تاثیر می‌گذارد.

در یک آزمایش، موش‌هایی را در ظرف آب رها کردند. آن‌ها پس از ۱۰ الی ۱۵ دقیقه شنا کردن خسته و ناامید شده و دست از تلاش کشیدند. درست در لحظه غرق شدن، فرد آزمایش‌کننده (Curt Richter) آن‌ها را نجات می‌دهد. این تجربه باعث می‌شود که همین موش‌ها در آزمایش بعد بتوانند حدود ۶۰ ساعت در آب شنا کنند بی‌آنکه امید به نجات را از دست بدهند.

در تحقیقات مختلفی که شرکت‌های داروسازی در رابطه با درد انجام داده‌اند مشخص شده است که احساس درد در نوبت دوم، می‌تواند شدیدتر و یا خفیف‌تر از نوبت اول حس شود و این بستگی به تجربه قبلی دارد. اگر فردی دردی را با احساس موفقیت (یعنی کنترل بهتر) تجربه کرده باشد به‌احتمال‌زیاد برای بار دوم آن درد را کمتر احساس خواهد کرد، و برعکس.

پایداری‌های امروز، با لنگر بر تجربیات مثبت و منفی‌ای که در گذشته داشته‌ایم شکل می‌گیرند.

شکنجه جسمی را نمی‌توان صرفا در محدوده احساس درد خلاصه کرد.

شکنجه جسمی، با ترکیبی از "درد" و "ترس" و "استرس" همزمان، بالاترین حد برانگیختگی ناخوشایند را در سیستم عصبی ایجاد می‌کند.

ترس، یکی از قوی‌ترین احساسات بشر است که به‌واسطه مکانیسم پیش‌بینی مغز درباره خطر، درد و احتمال آسیب و مرگ ایجاد می‌شود. رابطه پیش‌بینی و مکانیسم دفاعی را باید یکی از مهم‌ترین کارکردهای شناختی مغز دانست. در این رابطه آمیگدالا نقش بسیار مهمی بازی می‌کند. مدیریت آمیگدالا در رابطه با ترس و استرس امری اثبات شده است. مشخص شده کسانی که کمتر می‌ترسند دارای آمیگدالای کوچک‌تری بوده و افراد نگران، مضطرب و بی‌قرار دارای آمیگدالای بزرگ‌تری هستند. در آزمایش‌هایی که بر روی حیوانات شده و آمیگدالای آن‌ها را خارج کرده‌اند نیز هیچ‌گونه ترس و یا احساس خطر دیده نشده تا جایی که آن‌ها حتی نمی‌توانستند کمترین مراقبتی از خود داشته باشند.

باآنکه احساس درد در شبکه ماتریکس درد ظاهر می‌شود اما مدیریت اصلی آن با آمیگدالا می‌باشد. در شرایط بحرانی، که خطر نه به‌عنوان یک احتمال آینده بلکه به‌عنوان یک واقعیت فوری شناسایی می‌شود، آمیگدالای قدرتمند، مدیریت بحران را به دست می‌گیرد و واکنش‌های ما را بر اساس برنامه‌های غریزی بقا به پیش می‌برد مگر آن که، به عللی، اطلاعات ذخیره شده در قسمت‌های دیگر مغز آن‌چنان مهم باشند که بتوانند بر مدیریت آمیگدالا تاثیر گذاشته و آن را کنترل کنند. یکی از مهم‌ترین عوامل مهارکننده آمیگدالا در احساس درد، تاثیرات "تصویرهای ذهنی" و "گفتگوهای درونی" است. در بخش تصمیم‌گیری به موضوع تصویرهای ذهنی و گفتگوهای درونی پرداخته خواهد شد اما در اینجا صرفا به این نکته بسنده می‌شود که گاه تکرار یک کلمه

و یا یک تصویر در ذهن، می‌تواند تاثیری زنجیروار در مدارهای مختلف مغز گذاشته و الگوها و باورهایی که از گذشته در مغز ما ایجاد و تثبیت شده‌اند را بیدار کند. بیدار شدن الگوها و باورهای خفته می‌تواند در تصمیم‌گیری‌های ما نقش موثری بازی کند. در خاطرات زندانیان سیاسی به نقش این‌گونه تاثیرات در پایداری به هنگام شکنجه و زندان، به اشکال مختلف اشاره شده است.

در بخش‌های بعدی روشن خواهد شد که توان فیزیولوژیکی، به‌تنهایی نمی‌تواند چگونگی پایداری انسان در تحمل زندان و شکنجه را توضیح دهد.

هر یک از ما بر اساس صدها هزار پارامتر خصوصی خود عمل می‌کنیم که در طول عمر و با صرف آزمون‌وخطاهای فراوان کسب کرده‌ایم.

ازآنجایی‌که عمده تفاوت‌های انسان‌ها، چه در احساس خطر و چه در واکنش‌های رفتاری، به علت تفاوت در ساختار و کارکرد مغز آن‌ها با یکدیگر است دو بخش بعدی کتاب (بخش تفاوت‌ها و بخش هویت اجتماعی) به منشا این تفاوت‌ها می‌پردازند.

بخش سوم: تفاوت‌ها

هیچ موجودی، قابل تکرار شدن نیست.

معمولا انسان‌ها را به شجاع، باهوش، ترسو، برونگرا، مهربان، درونگرا و غیره... تقسیم می‌کنند. اگرچه انسان، پیچیده‌تر از آن است که بشود با یکی دو برچسب تعریفش کرد اما این‌گونه تقسیم‌بندی‌ها مشخصا تاکیدی واضح است بر وجود تفاوت‌های فردی. تفاوت‌های فردی، چه مستقیما قابل مشاهده باشند یا نباشند، چه قابل‌سنجش باشند یا نباشند وجود داشته و غیرقابل‌انکار هستند. تفاوت‌ها به‌طور مستقیم ریشه در سیستم‌های عصبی و تجربیات زیستی متفاوت انسان‌ها دارد.[1] سیستم‌های عصبی و تجربیات زیستی متفاوت باعث می‌شوند تا هر انسان، جهان را مشابه انسان دیگر ندیده و دارای شناخت، تفسیر و رفتار منحصربه‌فرد باشد.

واکنش‌های ما که جنبه‌های مختلف زندگی فردی و اجتماعی ما را بیان می‌کنند ریشه در عوامل بی‌شمار ژنتیک، اپی‌ژنتیک و روابط اجتماعی‌ای دارند که در سرتاسر مسیر رشد خود تجربه کرده‌ایم. پروسه رشد، در همه افراد با یک کیفیت مشابه انجام نمی‌شود زیرا ما محصول محیطی هستیم که همواره در

---

[1] برخی از نورولوژیست‌ها تنوع انسان‌ها را به تناسب انتقال‌دهنده‌های شیمیایی سیستم عصبی نسبت می‌دهند.

حال تغییر است. بنابراین هیچ انسانی نمی‌تواند مشابه با فرد دیگری باشد. هر انسان یک موجود بی‌مانند است و محصول یک روند تکرار نشدنی. هرکدام از ما، به دلایل ژنتیک و جهش‌های تکوینی و رخدادهای مراحل رشد و پرورش، مسیری را طی کرده و به اینجا رسیده‌ایم که دیگر تکرار نخواهد شد. این حرف به این معناست که اگر "من" چندین بار دیگر تولید شوم هیچ‌کدام از "من"ها شبیه به دیگری نخواهد بود، حتی اگر شرایط عینا یکی باشند.

برنامه رشد، جهش‌ها و انطباق طبیعی ارگانیسم، پروسه‌ای است که بر اثر رخدادهایی (که به علت ناشناخته بودن، آن‌ها را تصادف می‌نامیم) به مسیرهای گوناگون کشیده می‌شوند. ازاین‌رو هیچ‌گاه و در هیچ شرایطی انسان مشابه تولید نخواهد شد.

هر یک از ما نه‌تنها برآیندی هستیم از روابط پیچیده فیزیولوژیکی، اکولوژیکی، اجتماعی و جغرافیایی، که تاریخی از میلیون‌ها سال دگرگشتی‌های بجا و بیجا را نیز پشت سر خود داریم؛ و به این دلایل است که هر یک از "من" ها امروز و در این دوره از زمان و در این نقطه از جهان وجود دارند. در این مسیر، بسیاری از دستورهای ژنتیکی و ویژگی‌های خصلتی، دستخوش تصادفات و رخدادهای عجیب‌وغریب شده‌اند تا به ما رسیده و تفاوت‌های ساختاری و عملکردی ما را ایجاد کرده‌اند و پایداری در شرایط زندان و شکنجه، نمی‌تواند بی‌تاثیر ازاین‌گونه تفاوت‌ها باشد. پایداری‌های متفاوت، ریشه در تفاوت‌های ساختاری و کارکردی مغز انسان‌ها دارد.

با این‌که امروزه تقریبا همه ما، وجود تفاوت‌های بین انسان‌ها را به‌عنوان یک حقیقت کلی پذیرفته‌ایم، اما این نکته مهم را به هنگام قضاوت کردن درباره دیگران فراموش می‌کنیم. هنگامی‌که "من" قابل تکرار نباشد چگونه می‌شود

انتظار داشت که من و تو شبیه به یکدیگر بوده و در شرایط خاص، واکنش‌های مشابه داشته باشیم؟[۱]

اما "من" نه‌تنها با دیگران، بلکه با خودم نیز در لحظات مختلف زندگی، از نظر جسمی و روانی، تفاوت دارم.

موادی که وارد بدن ما می‌شوند و اطلاعاتی که به مغز ما می‌رسند به‌طور بی‌وقفه در حال تغییر هستند. تغییرات کوچک و بزرگ در شرایط زیستی، افزایش تجربه و مهارت‌های اجتماعی، دگرگونی در ساختار مغز، تغییرات هورمونی، تغییرات اساسی در قابلیت‌های جسمی و.... همه به تغییرات بیولوژیکی‌ای منجر می‌شوند که در رفتار و تصمیم‌گیری‌های ما نمود پیدا کرده و، در نتیجه، واکنش‌های امروز ما نمی‌توانند دقیقا مشابه واکنش‌های دیروز و فردا باشند.

ارزش‌ها، باورها، تعاریف، تفکر و الگوهای انحصاری هر انسان، وابسته به زمان مشخص و معین است و هرکدام از ما در زمان‌های مختلف، واکنش‌های متفاوتی در مواجهه با شرایط زندان و شکنجه خواهیم داشت.

متغیرهای تأثیرگذار در رفتار ما بسیار فراوان هستند و علم "نورولوژی" و "رفتارشناسی مغز" هنوز اولین نفس‌های پس از تولد خود را می‌کشند و زود است تا بتوانند تمامی فاکتورهای مؤثر را شناسایی کنند. بااین‌وجود می‌توان به چند عامل کلی و شناخته‌شده که باعث تفاوت‌ها می‌شوند اشاره کرد.

---

[۱] گاهی پرسیده می‌شود که اگر ما تا این اندازه نامشابه هستیم پس علت تشابه رفتارهای اجتماعی در چیست؟ تشابهات رفتاری انسان‌ها می‌تواند به دلایل مختلف باشد، از کارکرد سلول‌های آینه‌ای گرفته تا همسازی‌های زبانی که در بخش هویت اجتماعی به آن‌ها اشاره‌ای خواهد شد.

توارث ژنتیکی را می‌توان اولین و مهم‌ترین علت در تفاوت‌های آشکار و پنهان انسان‌ها با یکدیگر دانست. انتقال اطلاعات ژن‌های والدین به فرزند از طریق ترکیب و تشکیل اولین سلول رخ می‌دهد. درحالی‌که بقیه سلول‌های بدن دارای نردبان دو رشته‌ای دی.ان.ای هستند، سلول‌های جنسی پدر و مادر هرکدام دارای یک‌رشته دی.ان.ای بوده که پس از جفت شدن به یکدیگر در درون تخمک، نردبان دو رشته‌ای معروف را می‌سازند. ژن به قطعه‌ای از این دی.ان.ای گفته می‌شود که دستورهایی در خود دارد تا بر اساس آن‌ها پروتئین‌های گوناگون، یعنی تمام اجزای بدن، تشکیل و مدیریت شوند. ژن‌ها نه‌تنها دستور ساخت پروتئین‌ها را در خود دارند بلکه آن‌ها را به‌گونه‌ای کدگذاری می‌کنند که جایگاه دقیق انواع سلول‌ها و سازمان و نحوه ارتباط آن‌ها با یکدیگر را مشخص می‌کند.

مرحله تشکیل اولین سلول جنین بسیار مهم و تعیین‌کننده است. هنگامی‌که یک اسپرم به تخمک می‌چسبد، دیواره آن شکافته شده و محتوای اسپرم به درون تخمک می‌ریزد. در این لحظه در درون تخمک، غوغایی بر پا می‌شود و حدود سی هزار ژن از یک جنس، در جستجوی یافتن ژن مناسب خود در میان سی هزار ژن از جنس دیگر، در هم می‌لولند. این‌که کدام ژن مادر و کدام ژن پدر یکدیگر را یافته تا اولین نردبان ژنتیکی جنین را تشکیل دهند تعیین می‌کند که ساختار مغز و دیگر ارگان‌های جنین چگونه باید باشند.

گفته می‌شود که جفت شدن ژن‌ها بیشتر بر اساس تصادف است، هرچند که بنا بر نظر برخی از دانشمندان چیزی به نام تصادف وجود نداشته و آنچه ما رخدادهای تصادفی می‌نامیم تابع قوانین و فرآیندهایی هستند که هنوز برای

بشر شناخته شده نیستند. احتمالا شناسایی ژن‌های جفت بر اساس پروتئین‌های گیرنده و فرستنده انجام می‌شوند؛ مشابه مکانیسمی که به "گفتگوی بین سلولی" می‌انجامد.[1]

نحوه جفت شدن قطعات دی.ان.ای والدین به یکدیگر اولین سلول جنین را می‌سازد که دارای تمام اطلاعات ژنتیکی مادر و پدر بوده و دستورهای ساخت ارگان‌های بدن با خصوصیات ویژه را در خود دارد. بنیان‌های ساختاری جنین و بستر اولیه سرنوشت این موجود جدید تشکیل می‌شوند بی آن‌که او خود کمترین نقشی در آن‌ها داشته باشد. بسیاری از عوامل تأثیرگذار در سرنوشت او، پیش از آن تاریخ تعیین شده و از طریق ژن‌ها به او منتقل شده‌اند. برخی از تاثیرات ژنتیک، محسوس و فوری بوده، برخی منتظر تغییرات هورمونی مشخص (مانند بلوغ) می‌مانند، برخی از آن‌ها با تضعیف سیستم ایمنی ظاهر می‌شوند، و برخی نیز بدون یافتن شرایط مناسب برای ظهور، به نسل بعدی منتقل می‌شوند.

ژن‌های پدر و مادر علاوه بر آن که تمام خصوصیات ویژه آن‌ها را در خود حمل می‌کنند، گاه خصوصیات نداشته آن‌ها را هم به جنین منتقل می‌کنند. علت این مساله برمی‌گردد به تکثیر سلول‌های جنسی، به‌ویژه در اسپرم‌های پدر و احتمال خطاهای کپی شدن اطلاعات ژن‌ها به هنگام تکثیر. این‌گونه خطاهای

---

[1] منظور از گفتگوی بین سلولی، ارتباط پروتئین‌های فرستنده و گیرنده‌ای است که بر روی پوسته سلول‌ها وجود دارند. ارتباط سیگنالی این پروتئین‌ها با یکدیگر باعث می‌شود تا سلول‌های اختصاصی یک ارگان، یکدیگر را یافته و به تشکیل ارگان یا بافت بپردازند. به‌این‌ترتیب سلول‌های مختلف، جای خود و مجموعه مناسب را یافته و مغز و قلب و قسمت‌های دیگر را می‌سازند.

تکثیری، بدون تاثیر بر خود شخص، به جنین منتقل می‌شوند. [1]

"خطای رونویسی سلول" یا "اختلال تکثیر سلولی" که به آن "جهش ژنتیکی" و تنوع تکثیری (Copy Number Variation) نیز گفته می‌شود، علت‌های متفاوتی می‌تواند داشته باشد ولی به‌طورکلی، هنگامی که یک سلول به شرایط تکثیر (یعنی دو تا شدن) می‌رسد و لازم است که اطلاعات ژنتیکی موجود در آن نیز دقیقا کپی شوند، همواره احتمال اشتباه در رونویسی حداقل یکی از سه میلیارد اطلاعات دی. ان.ای. وجود دارد.

ژن‌ها با این‌که حاوی دستورات مشخص از چگونگی ساخت پروتئین‌های مختلف بوده و مراحل ساخت قسمت‌های مختلف جنین را تعیین می‌کنند اما خود نمی‌توانند به‌طور کامل از خطاهای رونویسی پیشگیری کنند. هرچند که در مراحل پایانی تکثیر سلولی، ژنوم می‌تواند با برخی از جهش‌های ژنتیکی مقابله کرده و برخی دیگر را تعدیل کند اما این قابلیت در همه افراد به یک اندازه و کیفیت نیست.

پس از تشکیل اولین سلول، پروسه تکثیر سلولها آغاز می‌شود. در نیمه اول زندگی جنین در هر دقیقه بیش از دویست و پنجاه‌هزار سلول ساخته شده و هرچه تکثیر سلولی بیشتری انجام شود احتمال رخ دادن این‌گونه خطاها نیز بیشتر می‌شود. احتمال جهش‌های ژنتیکی از اولین روزهای حیات جنینی آغاز شده و تا آخرین لحظه زندگی انسان‌ها ادامه خواهد یافت.

شبکه پیچیده‌ای بین ژن‌های مختلف وجود دارد که تناسب آن‌ها، انتشار و

---

[1] گفته می‌شود که تولید اسپرم در بدن یک شخص بالغ و سالم، روزی ۵۰ تا ۲۰۰ میلیون است.

توزیع هورمون‌ها و به‌طورکلی کارکرد بهینه بدن ما را تنظیم می‌کند. جهش ژنتیکی با تغییر در کدگذاری پروتئین‌ها، به دگرگونی‌های زنجیروار انجامیده و می‌تواند کارکرد ژن را تغییر داده و در بسیاری از امور داخلی بدن و نحوه مدیریت مغز تاثیر بگذارد. می‌شود حدس زد که یک اشتباه کوچک در کپی شدن اطلاعات ژن‌ها چگونه می‌تواند آن موجود را به‌طور اساسی دگرگون کرده و به انسانی متفاوت تبدیل کند.

کیفیت زندگی جنینی، با سلامت جسمی و روانی ما رابطه غیرقابل‌انکاری دارد. بسیاری از بیماری‌ها مانند سرطان، دیابت، افسردگی و بیماری‌های قلبی و عروقی، می‌توانند ریشه در دوران جنینی و نوزادی داشته باشند. عوارض جدی ناشی از شرایط نامناسب محیطی و تغذیه‌ای در این دوران، تاثیرات خود را در دوران میان‌سالی و پیری نشان می‌دهند.

همه ما دارای امکان هزاران تنوع ژنتیکی بوده و صدها جهش را در خود حمل می‌کنیم. جهش ژنتیکی اتفاقی است که هرلحظه ممکن است رخ دهد. با کاهش توان سیستم ایمنی و ترمیمی بدن، مقابله با ژن‌های معیوب کمتر شده و در نتیجه با افزایش سلول‌های آسیب‌دیده، زمینه برای عوارض و بیماری‌های مختلف فراهم می‌شود.

یکی دیگر از مشکلات سلول‌های جنسی، کم‌وزیاد شدن کروموزوم به هنگام ترکیب در تخمدان است. پروتئین‌های کروموزوم وظایف خواندن (رمزگشایی) دی.ان.ای و مدیریت تقسیم سلولی را به عهده دارند. کروموزوم‌ها باید جفت باشند، اما با کم و یا زیاد شدن یکی از آن‌ها، اختلالات بسیار جدیای در

بیوشیمی بدن جنین بروز خواهد کرد. گفته می‌شود تاکنون حدود ۵۰۰ ناتوانی ذهنی و یا اختلالات شناختی حاد شناسایی شده که به دلیل اشکالات کروموزومی ایجاد می‌شوند. عارضه عقب‌ماندگی ذهنی (Down Syndrome) یکی از معروف‌ترین آن‌ها است.[1]

جنسیت نیز عامل تفاوت‌های بیولوژیکی نیمی از جمعیت انسانی با نیمه دیگر است که با تشکیل اولین سلول جنین، تعیین می‌شود. پس‌ازآن و بر اساس همان سلول مشخص می‌شود که بقیه سلول‌ها باید هماهنگ با چه نوع جنسیتی باشند. تفاوت‌های ساختاری مغز زن و مرد از چند هفته پس از تولد به‌تدریج مشخص شده و آناتومی عصبی و شیمیایی متفاوت، نواحی ویژه مردانه و زنانه را شکل می‌دهند.

تفاوت‌های مغز زن و مرد، بیشتر به دلیل تفاوت‌های جسمی دو جنس متفاوت و بخش‌های مدیریتی آن‌ها در مغز می‌باشند.

بدون ورود به جزئیات تفاوت‌های ساختاری مغز زنان و مردان، گفته می‌شود که وجود اتصالات ارتباطی بین نیمکره‌های مغز، در زنان بیشتر و متراکم‌تر بوده اما در مردان این تراکم در داخل نیمکره‌ها است. ناحیه خاصی از هیپوتالاموس در مردان نیز بزرگ‌تر و دیرپاتر بوده اما قابلیت شکل‌پذیری مغز (Neuroplasticity) در زنان بیشتر است. تفاوت بین زنان و مردان حتی در

---

[1] علاوه بر عارضه‌های معروف به داون (Down Syndrome)، عارضه‌های دیگری همچون ویلیــامز (Williams Syndrome)، آنجلمــن (Angelman Syndrome)، ایکـس شـکننده (Fragile X Syndrome)، رت (Rett Syndrome) و... ازاین‌گونـه اخـتلالات کرومـوزومی هستند.

سرعت رشد مغزی آن‌ها به‌ویژه در دو دهه اول زندگی مشهود است. مغز زنان با سرعت بیشتری رشد کرده و زودتر بالغ می‌شوند.

جنسیت در خنثی کردن جهش‌های ژنتیک نیز تاثیر دارد. به همین دلیل است که مردان بیشتر از زنان در خطر اوتیسم، ای.دی.اچ.دی، دیسلکسیا، شیزوفرنی، لکنت زبان و بیش فعالی قرار دارند. اما اختلالات افسردگی، اضطراب، میگرن و ام.اس در زنان بیشتر است.[۱]

جنسیت، عامل تفاوت‌های فیزیولوژیکی‌ای است که در کیفیت پایداری در زندان خود را نشان می‌دهند. به‌عنوان‌مثال، گفته می‌شود که زنان به‌طورکلی تحمل بیشتری نسبت به درد دارند، زیرا تعداد گیرنده‌های حسی مربوط به درد در مغز زنان بیشتر است (شاید به این دلیل که بتوانند درد زایمان را بهتر تحمل کنند). از سوی دیگر برخی از مشکلات زنانه (مانند پیش‌قاعدگی) وجود دارد که می‌تواند شخص را نگران، افسرده، بیمار و بی‌حال کرده و در کیفیت تاب‌آوری او تأثیرگذار باشد.

یک نمونه جالب از تفاوت روحیه زن و مرد در رابطه با پایداری در زندان، مربوط می‌شود به وجود استروژن (Estrogen) در زنان، که به آن هورمون مادرانه هم گفته می‌شود. این هورمون به دلیل آن که بر اساس دستور دو ژن مختلف نوشته می‌شود دارای دو نوع گیرنده پروتئینی متفاوت است که باعث می‌شود زنان بنا بر تعریفی که از انسان‌های اطراف دارند دو نوع واکنش متفاوت از خود نشان دهند: آن‌ها در برخورد با "دوست" آرام و مهربان، ولی در مقابل

---

[۱] گفته می‌شود که دلیل مقابله بهتر جنسیت ماده با جهش‌های ژنتیکی احتمالا در وجود XX است درحالی‌که جنسیت نر فقط یک X دارد که در صورت آسیب دیدنش آمادگی بیشتری برای جهش‌های ژنتیک ایجاد می‌شود.

"دشمن" کاملا سرسختانه می‌ایستند.

با توجه به تفاوت‌های مختلف ساختاری، هورمونی و شیمیایی در مغز زن و مرد، باید گفت که تاکنون هیچ دلیل علمی بر تفاوت‌های هوشی و شناختی زن و مرد دیده نشده است.[۱] تفاوت‌های زن و مرد، صرفا به دلیل تفاوت‌های فیزیولوژیکی و بخش‌های مدیریتی آن‌ها در مغز محدود می‌شوند.

علاوه بر جهش‌های ژنتیکی، زندگی ما از اولین لحظه حیات، در دوران جنینی و پس از تولد، همواره تحت تاثیر شرایط زیستی و دگرگونی‌های محیطی قرار داشته و ژنهای ما در معرض تغییراتی قرار می‌گیرند که "تاثیرات اپیژنتیک" نام گرفته و با "جهش‌های ژنتیکی" فرق می‌کنند.

اپی‌ژنتیک

اپی‌ژنتیک (Epigenetic) یکی از عوامل مؤثر در دگرگونی‌های بیولوژیکی می‌باشد که به‌طور مرتب در حال رخ دادن است. در جهش ژنتیکی، ساختار ژن تغییر می‌کند ولی در اپی‌ژنتیک صرفا بیان ژن است که تغییر می‌کند و نه ساختار آن.

بیان ژن (Gene Expression) به ساده‌ترین تعریف: نقش ژن در فعالیت سلولی است. و فعالیت سلولی، یعنی واکنش نسبت به محرک‌های محیطی.

---

[۱] گفته‌هایی مانند اینکه هوش ریاضی زنان پایین‌تر از مردان بوده و یا این که ژن هوشی آن‌ها کمتر است هیچ پایه علمی ندارد. چیزی بنام ژن هوش، ژن احساسات و غیره وجود ندارد زیرا ژن، به‌خودی‌خود، موجود هوشمندی نیست و صرفا مانند کتابی است انباشته از دستورهای ساخت سلول‌ها و قسمت‌های مختلف بدن.

واکنش سلول، در نتیجه فعالیت ده‌ها هزار گیرنده پروتئینی است که هرکدام به سیگنال جداگانه‌ای واکنش نشان می‌دهند. نوع واکنش سلول، به این بستگی دارد که چه تعداد از ژن‌های درون آن فعال بوده و قادر به ارسال سیگنال هستند و یا اینکه خاموش و بدون سیگنال مانده‌اند.

در واقع ژن‌های یک سلول با روشن و یا خاموش شدن خود نشان می‌دهند که در عملکردهای آن سلول شرکت می‌کنند یا نمی‌کنند.

پروتئین‌های مخصوصی وجود دارند که مسئولیت بیان ژن را به عهده می گیرند. آن‌ها با پوشاندن یک ژن، ارتباط آن با محیط را قطع کرده و مانع ارسال سیگنال آن می‌شوند، و یا با عدم پوشش خود به ژن اجازه بیان می‌دهند. این نوع پروتئین‌ها، گاه به دلایلی، یک ژن را برای همیشه پوشانده و یا برای همیشه بدون پوشش می‌گذارند. ژن پوشیده (یا ژن خاموش)، هنوز وجود دارد اما ساکت و بدون بیان بوده و هیچ نقشی در فعالیت سلول بازی نمی‌کند.

روشن ماندن همیشگی ژن باعث می‌شود که آن ژن همواره در واکنش‌های سلول نقش داشته باشد حتی در زمانی که لازم نیست، و خاموش ماندن همیشگی ژن نیز باعث غیبت تاثیر آن می‌شود به‌ویژه در زمانی که به وجود آن نیاز است. تصور کنید که در برنامه آشپزی، یک ماده مانند نمک و یا شکر، همواره وجود داشته باشد و یا اصلا وجود نداشته باشد. غذای مورد نظر هیچ‌گاه آن چیزی که باید بشود نخواهد شد.

در هر سلول حدود ۲۰۰۰۰ تا ۲۵۰۰۰ ژن وجود دارد و خاموش و یا روشن شدن حتی یکی از آن‌ها تاثیر بسیار مشخصی در کارکرد سلول‌های مغز و سایر قسمت‌های بدن می‌گذارد. به عبارت روشن‌تر می‌توان گفت که بیان یک ژن،

یک ویژگی خاص در سلول را افزایش داده و یا یک ویژگی را از قابلیت‌های آن می‌کاهد. این تاثیرات اپی‌ژنتیک می‌توانند عامل مهمی در تغییرات رفتاری ما باشند.

با آنکه خاموش و روشن شدن ژن‌ها امری طبیعی و یکی از عوامل پایه‌ای کارکرد سلول‌های مغز است اما اپی‌ژنتیک را می‌توان نوعی اختلال دانست که رفتار سلول را برای همیشه تغییر می‌دهد. اپی‌ژنتیک حتی در مواردی می‌تواند بر روند تکثیر سلول‌ها ایجاد اختلال کند.

تاثیرات متفاوت اپی‌ژنتیک باعث می‌شوند که مثلا غذایی مشابه در بدن یک نفر به کلسترول بالا و در بدن شخص دیگری به کاهش فشارخون منجر شود. گفته می‌شود که اپی‌ژنتیک علت و یا تسریع‌کننده بیش از ۹۰ درصد از بیماری های قلبی و سرطانی است. بیشتر از چهارصد میلیون نفر در جهان دارای بیماری دیابت می‌باشند و از آن‌ها حدود ۹۵ درصد به نوع دوم آن مبتلا هستند و این نشانگر نقش و اهمیت سبک زندگی و تاثیرات اپی‌ژنتیک است.[1]

پدیده اپی‌ژنتیک به علت واکنش‌های مکرر سلول به شرایط خاص محیط ایجاد می‌شود. برخی از عواملی که می‌توانند باعث تغییرات اپی‌ژنتیک در بدن ما شوند عبارت‌اند از نوع تغذیه، مواد شیمیایی، مواد مخدر، مصرف الکل، کاهش و یا کمبود ویتامین‌ها و مواد معدنی، محیط آلوده، شرایط استرس‌زا، اضطراب‌ها و افسردگی‌ها.

---

[1] تغییر در نحوه تولید و انتشار هورمونهای مهمی همچون انسولین و گلوکاگون (glucagon) از عوارض اپیژنتیک است که می‌تواند به‌طور مستقیم سیستم انرژی بدن را دچار اختلال کند.

اپی‌ژنتیک امروزه به‌عنوان شاخه‌ای نوظهور در علم بیولوژی بر اهمیت نقش آن در بیماری‌ها و در رفتار انسان‌ها متمرکز است. اخیرا شاخه جدیدی در پزشکی ظهور کرده که به روش مهندسی معکوس در پروتئین‌های پوششی به احیای بیان ژن‌هایی که دچار اختلال شده‌اند می‌پردازد.

بروس لیپتون (Bruce H Lipton) بیولوژیست آمریکایی معتقد است که ما تاثیرات اپی‌ژنتیک در بدن را دست‌کم گرفته‌ایم. او باور دارد که نقش کلیدی تغییرات اپی‌ژنتیک در تحولات بدن بسیار مهم‌تر است از نقش ژنتیک و یا کارکردهای دی.ان.ای. او در کتاب خود به نام "بیولوژی باور" می‌نویسد که بیولوژی ما را باورها و نحوه تفکرمان، از طریق تغییرات اپی‌ژنتیک کنترل می‌کنند. او با اشاره بر این نکته که باورهای ما، از همان آغاز تولد، محصول محیطی است که در آن زیسته و رشد می‌کنیم، بر نقش انسان‌های دوروبر و روابط اجتماعی بر بیولوژی بدن ما تاکید می‌کند.

شبکه اجتماعی، تجربیاتی را از کودکی در مغز ما حک می‌کند که می‌توانند بیان ژنی سلول‌های مغز را تغییر دهند. ما در مجموعه روابط اجتماعی خود، در رابطه‌ای که با خانواده، دوستان، همکاران، همفکران و... داریم، تعریف می‌شویم. به همین دلیل، نمی‌توان کسی را مورد قضاوت قرار داد بدون آنکه به مجموعه روابط او، از ابتدای زندگی تاکنون، توجه کرد.

تفاوت میان انسان‌ها صرفا به تاثیرات بیولوژیکی محدود نمانده و شرایط اجتماعی پس از تولد می‌تواند تغییرات بسیار عمیقی در کیفیت رفتاری و واکنشی تک‌تک انسان‌ها ایجاد کرده و حتی ساختار مغز را تا حدی دگرگون کند که در آینده بر نحوه پایداری آن‌ها اثرگذار باشد.

بخش بعدی به هویت اجتماعی به‌عنوان یک عامل کلیدی در رفتار انسان‌ها می‌پردازد.

بخش چهارم: هویت اجتماعی

مبارزه امری اجتماعی است و هر کس بنا به هویت اجتماعی خود وارد مبارزه می‌شود یا نمی‌شود.

گفته می‌شود که حدود ۹۹ درصد دی.ان.ای ما با شامپانزه‌ها مشترک است[1]. اگر این رقم اغراق نباشد می‌توان چنین نتیجه گرفت که آن یک درصد تفاوت، نقشی بسیار اساسی در "انسان" شدن ما داشته است و به نظر می‌آید که جلوه‌های این یک درصد تفاوت را به‌روشنی می‌توان در جوامع انسانی دید. جامعه انسانی امروز فراتر از محدوده‌های بقا، در مسیر کشف و تغییر جهان، گام‌های بزرگی برمی‌دارد.

جوامع انسانی امروزی به حد غیرقابل‌انتظاری رشد کرده و اعضای خود را در مناسبات بسیار پیچیده‌ای قرار داده است و بدون شک اگر مغز ما در این محیط و همگام با روابط و مناسبات موجود رشد نمی‌کرد، درک این پیچیدگی‌ها برایمان بسیار مشکل می‌بود. مغز تقریبا ناکامل انسان به هنگام تولد، به او این فرصت را می‌دهد که هماهنگ با محیط خود رشد کند. این

---

[1] در تحقیقاتی که یوهان جکوبسون (Johan Jakobsson) نورولوژیست سوئدی و همکاران انجام دادند متوجه تفاوت‌های بیشتری در ژنوم انسان و شامپانزه شدند. این تفاوت‌ها عمدتا در آن بخش از ژن‌های دی. ان.ای است که بدون کد بوده و قادر به تولید هیچ‌گونه پروتئینی نیستند (Junk DNA).

8

مساله، علاوه بر ایجاد تفاوت‌های بیولوژیکی، باعث می‌شود که مغز انسان دارای توانایی‌های بسیار بالاتری نسبت به دیگر پستانداران باشد. ساختار و کارکرد قسمت‌های مختلف مغز انسان، متناسب با شرایط زیستی‌اش تغییر کرده و به دلیل رسیدگی مغز او به روابط پیچیده اجتماعی است که بخش نیوکورتکس، بیشترین مصرف انرژی را به خود اختصاص می‌دهد. با این‌که مشخص شده است که هرچه گروه اجتماعی پستانداران بزرگ‌تر باشد اندازه کورتکس مغز آن‌ها نیز بزرگ‌تر خواهد بود، ولی هیچ اجتماع غیرانسانی‌ای نمی‌توان یافت که کیفیتی نزدیک به جوامع انسانی داشته و بتواند ساختار شلوغ و پیچیده‌ای مانند کورتکس مغز انسان بسازد. به همین دلیل بررسی کردن انسان از زاویه صرفا فیزیولوژیک و ندیدن نقش جامعه در او به معنای نادیده گرفتن روابط عمیق شبکه‌های اجتماعی با شبکه‌های مختلف مغز او است؛ یعنی نادیده گرفتن روابطی که بخش بزرگی از خصلت‌های انسان را می‌سازند.

درباره جامعه و انسان، گفته‌ها و نوشته‌های فراوانی می‌توان یافت که به‌طور جامع نقش جوامع و انسان‌ها بر یکدیگر را مورد بررسی قرار داده‌اند. جان کاچیوپو (John Cacioppo) استاد دانشگاه شیکاگو، اولین کسی بود که با طرح عصب‌شناسی اجتماعی (Social Neuroscience) آن را به‌عنوان یک شاخه علمی از عصب‌شناسی مطرح کرد. او با بیش از بیست سال تحقیق بر عوارض آسیب‌زای تنهایی، به اهمیت نقش شبکه اجتماعی در رفتار انسان و تاثیر بیولوژیک روابط اجتماعی پرداخته و طرد اجتماعی و یا احساس تنهایی را عامل مهمی در تضعیف سیستم ایمنی می‌داند. او احساس تنهایی، یا بهتر است گفته شود "تنهایی اجتماعی" را یکی از علت‌های گرایش به پرخوری و انواع اعتیاد می‌داند.

به جرات میتوان گفت که زندگی اجتماعی آن‌چنان تاثیراتی در مغز افراد می‌گذارد که حتی می‌تواند به تغییرات فیزیولوژیک در آن‌ها منجر شود. رابطه فرد و اجتماع یک رابطه خطیِ چند جهته نیست بلکه شبکه‌ای از روابط چندبعدی و همه جانبه ای است که باعث می‌شود فرد و اجتماع همواره مرتبط و محتاج به یکدیگر باشند. تاثیرات متقابل فرد و شبکه‌های اجتماعی آن‌چنان درهم‌تنیده شده‌اند که بررسی هر کدام آن‌ها به‌طور جداگانه امکان‌پذیر نمی تواند بود. انسان و جامعه، دو وجود هم‌بسته می‌باشند که با اثرگذاری‌های متقابل، یکدیگر را تغذیه کرده و به پیش می‌رانند.

اصطلاح جمع-زیست‌شناسی (Socio-Biology) که در سال ۱۹۷۵ توسط زیست‌شناس آمریکایی، ادوارد ویلسون (Edward Osborne Wilson) در کتابی با همین عنوان ارائه شد با تاکید بر تاثیرات مسائل اجتماعی امروزه بر بیولوژی مغز، به‌روشنی انسان را محصولی دوگانه از بیولوژی و اجتماع می‌داند. انتشار این کتاب و بحث‌های بعدی به‌تدریج باعث اصلاحاتی در برخی از نظریاتی شد که همه رفتار بشر را با عینک توارث ژنتیکی می‌دید. پس‌ازآن بحث‌هایی درگرفت و به‌تدریج روشن شد که برخی از خشونت‌ها مانند شکنجه و یا جنایاتی مانند نسل‌کشی، منشأ اجتماعی دارند و نه ژنتیک.

شبکه اجتماعی برای فرد، مانند محیط است برای کشت سلول‌ها و اگر محیط ناسالم باشد حتما بر رشد و حیات سلول‌ها تاثیر منفی می‌گذارد.

مهم‌ترین مشخصه جوامع انسانی، وجود شبکه‌های مختلف ارتباطی به‌ویژه ارتباط زبانی است که نه‌تنها به انتقال مهارت‌های زیستی بین افراد می‌پردازد

بلکه تمام اطلاعات نسل حاضر را به نسلهای بعدی منتقل می‌کند. انتقال مهارت‌ها و آموخته‌ها باعث می‌شود که نسل جدید، ادامه‌دهنده نسل قبلی باشد و نه تکرار آن. این نوع انتقال، که یکی از اصلی‌ترین عوامل پیشرفت بشر بوده، قبل از هر چیز به‌نوعی هماهنگی بین انسان‌ها نیاز دارد که از آن‌ها می‌توان به همسازی‌های زبانی به‌عنوان اولین پله تمدن نام برد. همسازی‌های زبانی چیزی متفاوت از تقلیدهای بیولوژیکی‌ای است که طریق سلول‌های آینه‌ای انجام می‌شوند.

تقلید و یا شبیه‌سازی‌های رفتاری و گفتاری بیولوژیکی توسط نورون‌های مخصوصی در مغز بنام سلول‌های آینه‌ای (Mirror Cells) اجرا می‌شوند.[۱] این نورون‌ها، در ارتباط با موتورهای حرکتی مغز، وسیله‌ای برای یادگیری و انتقال مهارت‌های عملی از راه تقلید می‌باشند. این نوع تقلید در انسان و دیگر پستانداران و حتی برخی از پرندگان وجود داشته و دارای تنوع بسیار است.

برخی به‌اشتباه مسایلی مانند همدلی و همدردی را به نورون‌های آینه‌ای نسبت می‌دهند درحالی‌که در تحقیقات دانشگاه پارمای ایتالیا به سرپرستی

---

[۱] سلول‌های آینه‌ای بر اثر دیدن حرکت‌های هم‌زمان در فرد تقلیدکننده و تقلیدشونده تحریک شده و اقدام به حرکت مشابه می‌کند و به نظر می‌آید که عبور سیگنال‌های بینایی (و شنوایی)، سلول‌های آینه‌ای را تحریک کرده و آن‌ها نیز با ارسال سیگنال‌هایی، موتورهای خودکار مغز را وامی‌دارند تا همان رفتار را تقلید کنند. نورونهای آینه‌ای متقابل، توسط تیمی از محققان ایتالیایی به سرپرستی پرفسور ریزولتی (G. Rizzolatti) انجام و به نام (Resonance Behaviors) ارائه شد. در این تحقیقات دو نوع مختلف از نرونهای آینه‌ای موردمطالعه قرار گرفت (Occurrence) و (Imitative). اولی در مغز فرد تقلید شونده و دومی در مغز فرد تقلیدکننده به‌طور هم‌زمان فعال می‌شوند. علت هم‌زمانی این دو سلول همچنان مورد بررسی است.

لوچا بونینی (Luca Bonini) روشن شد که نورون‌های آینه‌ای حتی با دیدن برخی از حرکت‌های غیربیولوژیکی، مانند حرکت یک ماشین خودکار، نیز تحریک شده و تقلید بیولوژیکی را باعث می‌شوند.

هدف اصلی این نورون‌ها از شبیه‌سازی رفتاری، مجموعه تقلیدهایی است که با اهداف مختلفی مانند هماهنگی گروهی (به هنگام شکار و یا فرار) و یا افزایش مهارت‌های زیستی صورت می‌پذیرند. تقلید، بازسازی رفتار موجود دیگری است که بر اثر تکرار، تبدیل به مهارت‌های فرد تقلیدکننده می‌شود. این روش آموزشی، مهم‌ترین نحوه انتقال اطلاعات و هماهنگی بین جانوران است. در انسان نیز، این دستگاه تقلید، با حدود ۸۰ تا ۹۰ هزار سلول آینه‌ای در مغز، کمک‌کننده بزرگی در یادگیری و آموزش و همچنین درک و فهمیدن نیت طرف مقابل است. بااین‌همه، کسب مهارت‌های زیستی به کمک سلول‌های آینه‌ای به‌هیچ‌وجه نتوانسته و نمی‌تواند پاسخگوی نیازهای پیچیده‌تر اجتماعات بشر باشد. انسان، همواره در جستجوی روش‌های مناسب‌تر مدیریت بقا بوده، و با احساس نیاز به ارتباط بهتر و دقیق‌تر، نهایتا به ارتباط زبانی رسیده و به‌تدریج آن را تکمیل کرده است.[۱]

زبان و اشکال مختلف آن، نه‌تنها مناسب‌ترین روش انتقال اطلاعات بلکه بزرگ‌ترین عامل رشد بشر است. اما این ارتباط زبانی، در درجه اول به همسازی و هماهنگی‌های خاصی نیاز دارد تا افراد یک جامعه را به واژه‌های مشترک

---

[۱] اگر گفته می‌شود که توانایی فراگیری زبان، یک قابلیت ژنتیک است نه به این دلیل است که ساختار زبان به‌طور ژنتیک منتقل می‌شود بلکه به این دلیل است که انسان، ساختار زبان را بر اساس مدل‌های آشنای مغز خودساخته و تکمیل کرده و مغز ما مشخصا مدل‌های آشنا را سریع‌تر یاد می‌گیرد.

برساند.

با توجه به این نکته که هدف اصلی مغز درک واقعیت نبوده بلکه یافتن واکنش مناسب نسبت به تغییرات محیط است، می‌توان گفت که سیستم عصبی هر یک از ما، سیگنال‌های دریافتی از جهان پیرامون را به شیوه منحصربه‌فردی تفسیر می‌کند. یعنی، جهانی که هر فرد می‌شناسد چیزی نیست به‌جز الگوهای تفسیری منحصر به خود او که مغزش از یکسری امواج دریافتی ساخته است؛ تفسیری که متفاوت از تفسیر دیگران است. واقعیت بیرون، در مغز ما، تبدیل می‌شود به حقیقت درونی؛ حقیقتی که در ذهن هرکس به‌گونه‌ای خاص به وجود آمده و کاملا مشابه با حقیقت ذهنی افراد دیگر نیست. مغز هر کس برای او تمام جهان اوست، یک دنیای کاملا خصوصی. به گفته برخی از بیولوژیست‌ها، هر یک از ما از درون حباب ادراکی خود فقط آن بخش از جهان را می‌بینیم که می‌فهمیم و نیاز داریم و آن را به‌گونه‌ای تفسیر می‌کنیم که برایمان معنا دارد.

با وجود چنین تفاوت‌های بنیادین که هر کس جهان پیرامون را به‌گونه‌ای در مغز خود مشابه‌سازی می‌کند که با جهان دیگران متفاوت است، ما چگونه می‌توانیم با یکدیگر ارتباط برقرار کرده و قادر به درک منظور یکدیگر شویم؟

با یک مثال ساده و بدون ورود به پیچیدگی‌ها: چشم من یک "چیز" بخصوص را می‌بیند و مختصات فیزیکی و شیمیایی (رنگ، اندازه، بو، فرم، و...) آن را به شکل سیگنال‌های مشخصی به مغز می‌فرستد و مغز من آن اطلاعات را با ترکیب و الگوی خاصی در خود ذخیره می‌کند. این "چیز" که من آن را به صورت یکسری اطلاعات در مغز خود ذخیره میکنم چیست؟ همسایه من هم سیگنال‌های دریافتی از همان چیز را به شکل مجموعه اطلاعاتی در ذهن خود

ذخیره میکند که با اطلاعات ذخیرهشده در مغز من فرمی کاملا متفاوت دارد. ما باید یک نام مشخص (مثلا سیب) بر آن چیز بگذاریم تا بتوانیم با یکدیگر دربارهاش صحبت کنیم. اینگونه همسازیها در مورد همه چیزها و بیان کیفیتهای مختلف نیز وجود دارند و ما پذیرفتهایم که مثلا این رنگ قرمز است و آن شکل دایره، و برای هر چیز نامی قرار دادهایم تا انسانها با دریافتهای فردی و "حقیقتهای ذهنی" متفاوت توانایی ارتباط با یکدیگر را داشته باشند.

میتوان گفت کیفیت زیست اجتماعی ما باعث میشود تا انسانها بتوانند دریافتهای متفاوت خود از واقعیت را با یکدیگر همساز کنند. ما انسانها با تفسیرهای کاملا متفاوت از یکدیگر، اگر زیست جمعی نمیداشتیم و اگر اقدام به همسازی (Synchrony) نمیکردیم هیچگاه اسامی و تعریفهای مشابه و یکسانی از اشیا نداشته و حتی نمیتوانستیم درک مشترکی از مفاهیم داشته باشیم. میتوان ادعا کرد که اگر همسازیهای زبانی وجود نمیداشت نهتنها هیچکس زبان دیگری را نمیفهمید بلکه زبان به شکل امروزی اصلا وجود نمی داشت و انسان هنوز در حد ارتباطات آوایی بسر میبرد.

نیاز اصلی زندگی جمعی، ارتباط اعضای آن با یکدیگر است و "همسازی زبانی" اولین گام در پاسخگویی به این نیاز است. زبان، مهمترین پیونددهنده عناصر جامعه در هر مجموعهی انسانی است.

همسازیها آموختنی هستند و مرتبط با کیفیت ارتباطات درونی جوامع، از نسلی به نسل دیگر منتقل میشوند. زیست جمعی با هماهنگی و همسازیهای مختلف بین افراد، اعضای یک جامعه را به یکدیگر پیوند داده و شبکه قدرتمند اجتماعی را میسازد. اما شبکه اجتماعی، صرفا جمع جبری افراد جامعه نیست

بلکه به دلیل هماهنگی و همسازی‌های انرژیک (Synergy) می‌تواند توانایی بالایی در مدیریت بقای فرد و نوع ایجاد کند.

اجتماع، معمولا و نه همیشه، مهم‌ترین منبع قابل‌اطمینان برای بقا و امن‌ترین بستر برای رشد بشر بوده است که علاوه بر فراهم آوردن امنیت و دیگر امکانات زیستی، "انتقال دانش" و "مهارت‌های زیستی" را نیز ممکن می سازد. ازاین‌رو غریزه بقا می‌گوید که در میان گله از امنیت بیشتری برخوردار خواهیم بود.

هرچه اطلاعات انسان از محیط زیست خود بیشتر باشد، شانس بقای او نیز افزایش می‌یابد. عضویت افراد در گروه‌ها و لایه‌های مختلف اجتماعی که ریشه در مناسبات مختلف اقتصادی، اجتماعی و فرهنگی داشته، نه‌تنها فرد را از ثمرات گروه بهره‌مند می‌سازد بلکه انتقال اطلاعات بین آن‌ها آسان‌تر و سریع‌تر انجام می‌شود. گروه یعنی انباشت امکانات زیستی، و بودن در گروه به معنای دسترسی آسان‌تر افراد به این امکانات است. زیست جمعی، شرایط جفت‌یابی و تکثیر را نیز فراهم می‌کند. تجربه زمان جنگ‌های گسترده جهانی و یا حتی جنگ‌های کوچک‌تر داخلی نشان می‌دهند که عضویت در یک گروه، شانس زنده ماندن فرد را افزایش داده و پاسخگوی بسیاری از نیازهای فردی آن‌ها نیز می‌باشد.

پیوستن افراد به گروه‌های مختلف و "پذیرش جمعی"، به‌ویژه در دوران بلوغ، مساله‌ای است مهم که می‌تواند بسیاری از رفتار افراد را توضیح دهد. پیوستن فرد به گروه، یک حضور فیزیکی نیست. فرد در گروه ترکیب می‌شود تا کاستی‌هایش برطرف شده و یا کمتر احساس شوند. گروه می‌تواند اشتباهات فردی را در خود حل کرده و از تاثیرات منفی آن بکاهد. داشتن جایگاه مناسب

در گروه، در ما احساس امنیت و باارزش بودن را ایجاد می‌کند. با ایجاد حس امنیت، مکانیسم دفاعی و نگرانی‌های ما خاموش می‌شوند و احساس باارزش بودن، قدرت و توانایی را در ما بیدار می‌کند. انسان از ترکیب احساس‌های ایمنی و توانایی قادر به انجام کارهایی می‌شود که هیچ‌گاه فکرش را هم نمی‌توانست بکند. ازاین‌رو هنگامی‌که در جمعی پذیرفته نشده و طرد می‌شویم دچار احساس بسیار ناراحت‌کننده‌ای می‌شویم که گاه برخی از افراد را (برای رفع آن احساس بد) به واکنش‌های خطرناکی وادار می‌کند.

عدم پذیرش جمعی و طرد اجتماعی، در دوران مختلف، تاثیرات متفاوتی بر فرد می‌گذارد اما تاثیری که بر جوانان می‌گذارد بسیار شدیدتر است تا دوره‌های دیگر زندگی. رشد شبکه اجتماعی مغز در دوران حساس بلوغ، که آن را اصطلاحا سال‌های قدرت‌نمایی هورمون‌ها می‌نامند که با فعال شدن بیش‌ازحد بخش‌هایی از مغز به‌ویژه قسمت میانی فرونتال کورتکس (mPFC) رخ می‌دهد، جوان را نسبت به خود و انسان‌های اطرافش حساس‌تر کرده و او را بسوی یافتن جفت تحریک می‌کند. در این دوران او در جستجوی هویت اجتماعی خود بوده، نقش و مسئولیت اجتماعی در او اهمیتی خاص یافته و چالش‌های بسیار زیادی در رابطه با امیال غریزی، قراردادهای اجتماعی و ایده‌آل‌های آرمانی در ذهن او ایجاد می‌شوند. بیشترین گرایش‌های سیاسی افراد در همین دوران آغاز می‌شود. او می‌خواهد بفهمد که در کجای این جامعه ایستاده است و چه نقشی می‌باید و می‌تواند ایفا کند. این دوران، آغاز تاثیرات شبکه اجتماعی در باورها، تصمیم‌گیری‌ها و واکنش‌های فرد است؛ تاثیراتی که قادر به تغییرات کمی و کیفی در زندگی او می‌شود.

جوانی دوره ایست که انسان می‌خواهد جایگاه و هویت اجتماعی خود را

کشف، کامل و ثابت کند. این نیاز بزرگی است و بهآسانی و بدون درد نمیتوان از آن گذشت. او میخواهد گروه و یا جامعهای که در آن زیست میکند او را دیده، وجودش را پذیرفته و به خاطر بسپارد. در این دوران ما برای یافتن نقش و جایگاه خود در جامعه به دنبال مشخصتر کردن روابط و هویت خود بوده و جهانبینی ما فرم جدید و کاملتری به خود میگیرد.

ما از طرد شدن توسط جمع، وحشت داریم زیرا طرد اجتماعی، توانایی ما برای بقا و تکثیر را به خطر میاندازد.

اگر که کم شدن یک فرد از شبکه اجتماعی نامحسوس است اما کم شدن شبکه اجتماع از یک فرد، آسیب بزرگی در او ایجاد میکند. فقدان آن به مدت طولانی باعث یکسری از عوارض عصبی و رفتاری آسیبدهنده میشود. با هر طرد اجتماعی، شبکه ماتریکس درد فعال شده و انتشار هورمونهای استرس، شرایط سنگینی برای مغز ایجاد میکند. طردشدگی اجتماعی، به گفته پروفسور آیزنبرگر (N. Eisenberger) با تحریک بخشهایی از مغز، عارضهای شبیه به درد فیزیکی ایجاد میکند. مغز ما، بهویژه در دوران جوانی، نسبت به طرد شدنهای اجتماعی و گروهی بسیار حساس بوده و بلافاصله واکنشهایی نظیر اضطراب، افسردگی، پرخاشگری و یا حتی میل به خودکشی از خود نشان میدهد.

امیل دورکهایم (Emile Durkheim) نیز در بیان اهمیت رابطه فرد و جامعه، علت خودکشی افراد را به اختلال در وابستگیهای اجتماعی آنها نسبت داده و میگوید هرچه روابط اجتماعی یک فرد، ضعیفتر باشد احتمال خودکشی در او

نیز بیشتر می‌شود.[1]

در پشت هر تنهایی و دوری از جمع، پرسش‌های زیادی درباره علت طرد اجتماعی و عدم پذیرش جمعی قرار دارند که بی‌پاسخ مانده و فرد را به‌شدت آزار می‌دهند.

شبکه اجتماعی یعنی چالش، و ما به‌عنوان عضوی از این شبکه سرشار از همکاری و رقابت، خود تبدیل به بخشی از این چالش می‌شویم. ما در لابه‌لای تاروپود جامعه رشد و تغییر می‌کنیم و محیط‌های مساعد و نامساعد و تعاون‌ها و تنازع‌ها بر کیفیت رشد مغزی ما اثر گذاشته و آن را دگرگون می‌سازند. ما جزئی از محیط هستیم که در مقابل اجزای دیگر به واکنش می‌پردازد و آنچه که ما را می‌سازد ترکیبی است از کنش‌ها و واکنش‌های محیط و ما.

ما از همان دوران کودکی به‌تدریج درمی‌یابیم که: درحالی‌که بخشی از محیط برایمان ایجاد خطر می‌کند بخش دیگر می‌تواند دارای امکاناتی داشته باشد برای کمک به زیست مطمئن‌تر ما.

انسان‌ها بسیار زود به ماهیت دوگانه "تعاون متقابل" و "تنازع بقا" در اجتماع پی می‌برند اما عملا در دوران بلوغ است که به‌طور واقعی با این دوگانگی درگیر می‌شوند.

رابط دوگانه "تعاون متقابل" و "تنازع بقا" از انسان اجتماعی موجودی می‌سازد بس پیچیده. در اولی، انسان، نیازمند انسان است. و در دومی، انسان،

---

[1] دورکهایم اخلاق و مذهب را نیز پدیده‌هایی اجتماعی و محصول تفکر جمعی می‌داند. او معتقد است که گرایش انسان به مذهب و یا اخلاق نمادی از وابستگی‌ها و هماهنگی‌هـای اجتماعی اوست.

انسان را نفی می‌کند. اعتماد و تعاون متقابل با تحریک مدارهای دوپامینی، فرد را به‌سوی ارتباط بیشتر با جمع میراند اما بی‌اعتمادی و تنازع بقا، نتیجه‌ای جز هورمون‌های استرس و میل به انزوا در پی نخواهد داشت. پیچیدگی این رابطه دوگانه، شبکه‌ای را ایجاد می‌کند که صرفا در رابطه انسان با انسان خلاصه نمی‌شود بلکه به رابطه انسان با جامعه (که خود، وجودی زنده است) نیز گسترش می‌یابد.

عضویت در شبکه‌های مختلف اجتماعی، از شبکه کوچک ولی مهم خانواده گرفته تا شبکه‌های بسیار بزرگ اجتماعی، دربردارنده روابط پیچیده و چندبعدی‌ای هستند که پردازش آن‌ها برای مغز از امور بسیار پرمصرف انرژی محسوب می‌شود. درک و تنظیم این روابط گاه آن‌چنان پرهزینه می‌شود که فرد، دنباله‌روی از تصمیمات دیگران را به‌عنوان بی‌دردسرترین گزینه برمی‌گزیند، تاثیرهای آن بر خود را می‌پذیرد و به‌تدریج به این شیوه زندگی عادت می‌کند.

آمادگی‌های دفاعی و تلاش برای یافتن تصمیم‌های مناسب در شرایط بحرانی را می‌توان از فرآیندهای پرمصرف مغز دانست. برای مغزی که همواره در جستجوی راه‌هایی است که از مصرف انرژی بکاهد (و به ذخیره آن بیفزاید) میل به پیروی از جمع، به‌عنوان بهترین راه‌حل شناخته می‌شود. پذیرش تصمیم‌ها و مسئولیت‌های جمعی، حتی به بهای لطمه به هویت فردی، باعث صرف انرژی بسیار کمتری توسط مغز می‌شود.

ما به عضویت خود در جمع و گروه ادامه می‌دهیم حتی اگر با هویت مستقل ما در تضاد باشد زیرا ترجیح می‌دهیم که توجه و انرژی محدود مغز خود را بر عوامل خطرآفرین جامعه متمرکز کنیم؛ خطراتی که گاه می‌توانند

بسیار جدی باشند. ازاین‌رو می‌توان گفت که گرایش فرد به گروه خاص، همواره به دلیل همسانی منافع و یا عقاید نبوده بلکه گاه می‌تواند به دلیل احساس تهدید از سوی گروه‌های دیگر جامعه باشد.

با اینکه عضویت در گروه‌های مختلف اجتماعی، یعنی بهره‌مند شدن از شعور جمعی (که معمولا نتیجه‌ای بهتر از تفکر فردی دارد) و تعاون جمعی (که در حل مشکلات، بسیار کارسازتر است)، اما همواره با خطر مخدوش شدن فردیت اعضا همراه است. جمع در مقابل امکاناتی که به فرد می‌دهد از او هماهنگی می‌خواهد. با اعطای "پذیرش جمعی" به او، خصلت فردی‌اش را محدود می‌کند تا "تصمیم‌های جمعی" بدون کمترین مانع به راه خود بروند. ما از فردیت و استقلال فکری خود خرج می‌کنیم تا حمایت جمع را بخریم، به‌ویژه جمعی که در ما احساس باارزش بودن ایجاد می‌کند، و از این جمع دفاع می کنیم تا از خود دفاع کرده باشیم.

پذیرش جمعی یک نیاز زیستی موجودات گروه-زیست بوده که زمینه‌ساز بسیاری از باورها و الگوهای مغزی افراد می‌شود. این نیاز، در باورها و رفتارهای افراد نمودهای بسیار مشخصی داشته و عاملی است که ارزش‌های جمع را به باورهای فرد تبدیل می‌کند. ما بسیاری از رفتارهای خود را بر اساس معیارهای جمعی که عضو آن بوده و یا هستیم شکل می‌دهیم. برای این منظور، ارزش‌های آن جمع را "درونی" کرده، آن‌ها را ارزش‌های خود دانسته و از آن‌ها پاسداری می‌کنیم. به‌این‌ترتیب، دیگر چیزی به‌عنوان باور "غیرخودی" وجود ندارد تا مغزمان نسبت به آن دچار حساسیت و توجه دائمی باشد. ارزش‌های غیرخودی‌ای که درونی نشده باشند، هر آن ممکن است از "امکان" به "خطر" تبدیل شوند.

ارزش‌های درونی شده، حتی پس از فروپاشی جمع، تا مدت‌های زیادی در ذهن فرد باقی مانده و به‌سادگی از بین نمی‌روند.

وابستگی به گروه‌های اجتماعی، تغییراتی در مرزبندی‌های ما از "خود" و "غیر خود" ایجاد می‌کند تا معیارهای جدید قضاوت ما را به سود ارزش‌های آن گروه شکل دهند. ما در چهارچوب این مرزبندی، خود و گروه را در یک جبهه، و آنچه ما و گروه را در خطر قرار دهد در جبهه دشمن می‌بینیم.

وضعیت اجتماعی افراد، بسته به عضویتشان در گروه‌های مختلف اجتماعی می‌تواند بسیار پیچیده باشد. انسان در هر گروهی دارای یک تعریف مشخص از خود، و به عبارت بهتر، دارای یک هویت اجتماعی خاص است. "زیمباردو" در بحث فدا شدن فردیت در جمع و تغییر رفتار آن‌ها نشان می‌دهد که انسان، خود را بر اساس رل و نقش اجتماعی‌ای که دارد تعریف کرده و رفتاری منطبق بر آن خواهد داشت. بسته به اینکه بافت وسیع اجتماعی چه چیزی از فرد می‌خواهد، به همان اندازه می‌تواند انگیزه‌ها و رفتار او را بازنویسی کرده و یا کاملا دگرگون سازد.

زیست جمعی، ما را مجبور به واکنش نسبت به مجموعه پیچیده‌ای از روابط و مناسبات جامعه می‌کند. ما، حتی اگر پیچیدگی‌ها این روابط را نفهمیم، همواره در لابه‌لای آن‌ها در جستجوی جایگاهی می‌گردیم تا به زیست بی‌دردسر خود بپردازیم. به‌عبارت‌دیگر، در جستجوی یافتن جایگاه و چگونگی قرار گرفتن در مناسبات موجود جامعه هستیم تا بتوانیم هویت اجتماعی خود را بسازیم.

نقش هویت اجتماعی در زندگی ما آن‌چنان مهم است که در هر فرصتی به

آن اندیشیده و در صدد بازسازی آن هستیم. هویت اجتماعی نشان می‌دهد که ما چه هستیم، در کجای جامعه ایستاده‌ایم، با چه کسانی رابطه داریم و کیفیت این روابط چگونه‌اند. هویت اجتماعی، نقش و جایگاه من در جامعه را، در هر زمان، به‌طور روشن و مشخص بیان کرده و مسیرهای مهم زندگی من را تعیین می‌کند. با این حال، هویت اجتماعی، امری ثابت نبوده و ما با بررسی روابط اجتماعی، همواره در حال ارزیابی آن و تثبیت وضعیت خود هستیم.

محیط، با کمک‌ها و یا مزاحمت‌هایش است که به‌تدریج "من" را مشخص می‌کند. هویت "من" در ارتباطات اجتماعی است که وجود داشته و به حیات خود ادامه می‌دهد.

جامعه در تمام روابط افراد، حتی در خصوصی‌ترین رابطه‌ها، حضوری فعال و پویا دارد. این حضور در حافظه ما، در قسمت‌های مختلف مغز ما ریشه داشته و از طریق باورها و الگوها، در تصمیم‌گیری‌ها و واکنش‌های ما خود را نشان می دهند.

به این ترتیب است که هویت اجتماعی ما به هنگام زندان و شکنجه می تواند نقشی تعیین‌کننده در نحوه پایداری داشته باشد. این هویت گاه آنچنان حیاتی می‌شود که برای حفظ آن هرگونه آسیب‌های زندان و شکنجه را تحمل می‌کنیم. بی‌دلیل نیست که زندانبان، در تمام مراحل شکنجه و زندان، درصدد شکستن پیوند بین فرد و جمع برمی‌آید تا او را هویت اجتماعی‌اش تهی کرده و به تسلیم وادارد.

هویت اجتماعی می‌تواند الگوهای بسیار قدرتمند باورها و ارزش‌های ما را بسازد و این نکته بسیار مهمی در رفتار افراد زندانی، حتی در سلول‌های

انفرادی است که می‌تواند مورد بررسی‌های بیشتر قرار گیرد.

ورود به مبارزه سیاسی امری اجتماعی است و هر کس بنا به هویت اجتماعی خود وارد مبارزه می‌شود یا نمی‌شود. ورود افراد به مبارزه سیاسی می‌تواند دلایل بسیار متنوعی داشته باشد. علاوه بر انتخاب آگاهانه توسط عده‌ای، می‌توان گفت که بیشتر افراد به دلایلی به مسیری می‌افتند که ممکن است نهایتا به مبارزه ختم شود. از تشویق کسانی که با آنها رابطه خوبی دارند گرفته تا پیوستن به گروهی که آن‌ها را تایید کرده و می‌پذیرند. معمولا در ابتدای ورود به فعالیت‌های سیاسی، آگاهی‌ها نقش بسیار کمتری داشته و گرایش‌های دوستانه و یا عاطفی تاثیرات پر رنگتر ی دارند. آگاهی‌ها، نزد کسانی که ادامه می‌دهند، در مسیر مبارزه است که به‌تدریج افزایش یافته و تأثیرگذار می‌شوند.

گاه در نتیجه شرایط خاصی که فضای جامعه را ملتهب و مسایل سیاسی روز را برجسته می‌کند افراد بسیاری بسوی فعالیت‌های سیاسی کشیده می‌شوند.

میل به پیروی از جمع، بر اثر تحریک سیستم پاداش در شبکه‌های اجتماعی مغز فرماندهی شده و زاده امنیتی است که از ابتدای تولد احساس کرده‌ایم. فرد بر مبنای انتشار دوپامین در سیستم پاداش است که به تجربه دریافته است که هماهنگی با جمع، نه‌تنها امنیت می‌آورد بلکه امری خوشایند نیز هست.

مهم‌ترین شرط پیروی از جمع، اعتماد است. و اعتماد به جمع، معمولا با کاهش مسئولیت‌های فردی نیز همراه می‌شود. جان دارلی (John Darley) متخصص روان‌شناسی اجتماعی، با بررسی اثر تماشاگری (Bystander Effect)

به این نتیجه می‌رسد که در جمع‌های بزرگ، احساس مسئولیت فردی کاهش می‌یابد. او می‌گوید در مواقعی که اتفاق بدی برای یک نفر می‌افتد و تعداد زیادی ناظر صحنه هستند میل کمتری برای کمک به آن فرد دیده می‌شود. و هرچه جمع بزرگ‌تر باشد، فرد ناظر با خیال راحت‌تری مسولیت فردی خود را نادیده می‌گیرد.

هویت اجتماعی ما تحت تاثیر روابط بسیار پیچیده‌ای شکل گرفته و به دلیل تغییرات بی‌وقفه روابط محیط همواره در حال بازسازی خود است. این هویت اما در شرایط دشواری مانند زندان و شکنجه به‌طور مستقیم مورد تهدید واقع می‌شود. زندانی سیاسی از همان ابتدای دستگیری و ورود به اتاق‌های بازجویی و شکنجه، در موقعیت‌های بسیار دشوار تصمیم‌گیری قرار می‌گیرد. هویت اجتماعی او در این لحظه با تمام قدرت در مقابل آمیگدالا می‌ایستد تا پروسه تصمیم‌گیری این هویت را خدشه‌دار نکند. هر چه باشد او روزی از زندان رهایی یافته و برای ادامه زندگی جمعی خود به هویت اجتماعی آسیب‌ندیده نیاز خواهد داشت.

بااین‌همه هستند عده‌ای که تصمیم‌گیری‌های زندانیان سیاسی را امری غیر ارادی می‌دانند. آن‌ها وجود اراده آزاد را توهم دانسته و انسان را محصول جامعه و تصمیم‌گیری‌هایش را جبری می‌دانند.

به مساله اراده آزاد و جبر و اختیار در انتهای کتاب خواهیم پرداخت اما اینک پرسشی که مطرح می‌شود این است که اگر واقعا افراد زندانی هیچ‌گونه اختیاری در انتخاب نوع پایداری خود ندارد، آیا می‌توان گفت که زندانبان و شکنجه‌گر هم مسئول کارهای خود نیستند؟

شکنجه‌گر

در خاطرات زندانیان سیاسی، از شکنجه‌گران و زندانبانان به‌عنوان هیولاهایی وحشتناک که دارای خصلت‌های شدیدا غیرانسانی هستند نام برده می‌شود.

هانا آرنت (Hannah Arendt) در گزارش‌هایی که از دادگاه آیشمن، فرمانده اس.اس آلمان نازی که به دلیل جنایات بی‌شمار به قصاب اروپا معروف شده بود، تهیه می‌کرد متوجه این نکته شد که او نه هیولایی شیطان‌صفت بلکه یک انسان معمولی است. او آیشمن را یک مجری می‌داند که از درک افعال جنایت‌کارانه خود غافل بوده و صرفا استدلال رهبرانی مانند هیتلر را پذیرفته، درونی کرده و می‌پندارد که استدلال خود اوست. جنایت و شکنجه، در سیستم فکری این افراد، به‌تدریج به امری عادی و انجام وظیفه تبدیل می‌شود.

چند سال پس از گزارش‌های هانا آرنت از دادگاه آیشمن و بیان خصوصیات فردی او، استنلی میلگرم (Stanley Milgram) دکتر روان‌شناس، یک سری آزمایش‌های تجربی را در سال ۱۹۶۳ آغاز کرد تا بفهمد که انسان‌های عادی چگونه با اطاعت از دستور فرد دیگر حاضر به صدمه زدن به دیگران و شکنجه کردن همنوع خود می‌شوند.

آزمایش‌های میلگرم نشان داد که در درون بسیاری از آدم‌های نرمال و معمولی، میل به شکنجه کردن دیگران وجود دارد. نتایج این آزمایش‌ها به دلیل آنکه با تمام باورهای چند هزارساله بشر در مورد انسان مغایرت داشت بسیار شوک‌آور بود و نشان داد که حدود ۶۰ درصد انسان‌ها، بدون هیچ پرسشی،

آمادگی اجرا کردن دستورهای مقامات بالاتر را دارند حتی اگر به آسیب و شکنجه و مرگ کسی منجر شود. حدود ۶۰ درصد انسان‌ها هنگامی‌که در شرایط خاص اجتماعی قرار بگیرند و مسئولیت عملکردشان با شخص دیگری باشد، و یا از حمایت سیستم حاکم برخوردار باشند توانایی شکنجه کردن دیگران را خواهند داشت. اما هنگامی‌که حمایت از بالا قطع شود این آمار به حدود بیست درصد کاهش پیدا می‌کند.

اهمیت این آزمایش‌های تجربی در آن بود که نشان می‌داد هیچ‌کس ذاتا شکنجه‌گر به دنیا نمی‌آید و محیط و شرایط و سیستم حاکم است که برخی از افراد را به این وضعیت می‌کشاند.

در سال ۱۹۷۱ روان‌شناس دیگری بنام زیمباردو (Philip G Zimbardo) در آزمایشی که بنام زندان استنفورد مشهور است به همان نتیجه میلگرام رسید که احتیاج نیست کسی ذاتا شریر و شکنجه‌گر باشد تا بتواند دیگران را شکنجه کند.

بنا بر نظرات میلگرم و زیمباردو، اجازه برای آزادی عمل از سوی قدرت حاکم و دست‌کاری در باورهای افراد می‌تواند اکثر آن‌ها را به شکنجه‌گرهای قهار تبدیل کند.

میلگرام تاثیر نوک هرم قدرت در اطاعت‌های کورکورانه نیروهای پایین‌تر را تا آن حد قوی می‌داند که می‌گوید برای بررسی افراد یک گروه باید به ایده‌ها و شخصیت فردی که در رأس سیستم قرار دارد توجه کرد.

بسیاری از افراد دستورات مقامات بالاتر را بدون هیچ پرسشی پذیرفته و تمرکز خود را به اجرای بهتر آن دستورات می‌دهند.

آزمایش‌های میلگرام و زیمباردو نشان می‌دهند که بیشتر انسان‌ها دارای شخصیت ثابت نبوده و بر اثر شرایط و محیط عمل می‌کنند. متغیر اصلی را می‌توان موقعیت اجتماعی، عنوان و تعریفی دانست که فرد از جایگاه خود و روابط اجتماعی‌اش در ذهن دارد. انسان‌ها بدون تاثیر محیط، مقدار زیادی از توانایی‌های خوب و بد خود را از دست می‌دهند. افراد در تنهایی، بیشتر بر اساس سیستم باور و تجربیات خود عمل می‌کنند اما در جمعی که به آن اعتماد دارند، قضاوت‌های دیگران بر آن‌ها اثر می‌کند.

روابط اجتماعی و باور و اعتماد کور، شکنجه‌گر تولید می‌کند.

واقعیت این است که تصمیم‌گیری یک روند پرهزینه برای مغز است و فرد سعی می‌کنند تا جایی که می‌توانند از این روند بگریزد. تلاش این فرد در جهت اجرای بهتر تصمیم‌هایی است که توسط دیگران، ایدئولوژی‌ها و یا جریانهای سیاسی اتخاذ شده و به جایی می‌رسد که پس از مدتی نه‌تنها اجرای آن‌ها تبدیل به یک امر عادی و روزمره می‌شود بلکه آن دستورات به‌تدریج درونی شده و به‌عنوان ایده‌های خود پذیرفته می‌شود تا او تصور کند که در حال اجرای تصمیم‌های خود است.

خصوصیات انسان در رابطه با خصلت‌های افراد دوروبر است که تقویت شده و استمرار می‌یابد. او در روابط پیچ‌درپیچ اجتماعی، مذهبی، ایدئولوژیک و گروهی است که هویت اجتماعی خود را می‌یابد تا بر اساس آن حرکت کند.

این‌که برخی بیشتر با گروه هماهنگ می‌شوند و برخی کمتر، این پرسش را ایجاد می‌کند که تفاوت بین ۶۰ درصدی که در شرایط مناسب، تبدیل به

شکنجه‌گر می‌شوند و ۴۰ درصدی که تحت همان شرایط تن به شکنجه کردن دیگران نمی‌دهند در کجاست؟ اگر آزمایش‌های میلگرام نشان‌دهنده وجهه تاریک آدمی به‌عنوان یک واقعیت عمومی است آیا تمام افراد مورد آزمایش نباید این وجهه را نشان می‌دادند؟ چرا برخی از افراد، آسان‌تر به دام تاثیرات اجتماعی می‌افتند؟ آیا رابطه دوسویه باورهای افراد و هویت اجتماعی آن‌ها می‌تواند همه چیز را توضیح دهد؟

با این که پاسخ کاملی نمی‌شود برای این پرسش پیدا کرد اما باید گفت که برای بررسی بهتر رفتار انسان‌ها، می‌توان پوسته‌های مختلف را کنار زد و به هسته‌ای رسید که عامل اصلی رفتار بشر را توضیح می‌دهد. غریزه بقا و امنیت اجتماعی، انسان‌ها را وا می‌دارد تا همواره در صدد تثبیت وضعیت خود، ارتقای موقعیت و بهینه‌سازی هویت اجتماعی‌شان باشند. این هسته شاید بتواند رفتار انسان‌ها و "میل به قدرت" را توضیح دهد. علاوه بر آن تصمیم‌گیری در شرایط دشوار، برای افرادی که دارای هویت اجتماعی مشخص و الگوهای ثابت نیستند یک فرایند مغزی پرهزینه و گاه بسیار خسته‌کننده می‌شود. ازاین‌رو آن‌ها ترجیح می‌دهند مجری باشند تا تصمیم‌گیرنده. هر چند که مجری تصمیم‌های دیگران بودن هم نوعی تصمیم است اما به علت پذیرش قبلی، مغز افراد دچار چالش‌های جدی نمی‌شود. بنابراین آن‌ها مجری تصمیم‌هایی می‌شوند که قبلا توسط دیگران گرفته و یا توسط ایده‌های مذهبی و ایدئولوژیک بیان شده است. این افراد، از نظر روان‌شناختی، تمایل دارند که مسولیت فرد مجری را کمتر از مسولیت فرد تصمیم‌گیرنده بدانند.

در یک آزمایش از افرادی خواسته می‌شود که اهرمی را جابجا کنند که باعث مرگ یک نفر شده اما جان پنج نفر دیگر را نجات می‌دهد. افراد مورد

آزمایش به هنگام گرفتن چنین تصمیمی دچار تشویش و اضطراب شده و از انجام آن کار خودداری می‌کنند اما هنگامی که گفته می‌شود این تصمیم را کسی دیگر گرفته و آن‌ها فقط باید به‌عنوان مجری اهرم را جابجا کنند بدون تردید آن را انجام می‌دهند.

نمونه این افراد را در بسیاری از حلقه‌های اجتماعی و در "رفتار گله‌ای" (Herd Behavior) به وضوح می‌توان دید.

نکته دیگر در رابطه با شکنجه‌گر این است که: شکنجه‌گر که خود شاهد شکنجه شدن کسی است اگر از نظر روانی مشکل نداشته باشد نمی‌تواند به‌سادگی شکنجه کند و خود هیچ آسیبی نبیند. دیدن درد و رنج کسی باعث فعال شدن قسمت‌هایی از مغز می‌شود تقریبا شبیه به آن که گویی خود شخص دچار درد و رنج شده است. تاثیرات منفی شاهد بودن، در مورد شکنجه‌گر می‌تواند دوچندان باشد زیرا که او شاهد شکنجه‌ای است که توسط خودش اعمال می‌شود. اما برای آنکه هزینه‌های روانی ناشی از شکنجه کردن یک انسان دیگر کم شود و فرد با ناراحتی کمتری اقدام به شکنجه همنوع خود کند، در اولین قدم، طرف مقابل را باید حقیر و کوچک و موجودی بسیار کمتر از انسان تصور کرد تا خود را در شکنجه کردن چنین موجودی محق بداند.

اگر شکنجه‌گر، فرد زندانی را انسانی مانند خود و در حد خود بداند نمی‌تواند به‌سادگی او را شکنجه کند. هنگامی‌که او پذیرفت فرد زندانی موجودی پست، کافر، ضدانقلاب، ضدخلق، خائن، جاسوس و... است که لایق شکنجه و حتی بدتر می‌باشد آن‌وقت خود را مجاز به بدترین نوع شکنجه و آزار آن فرد می‌داند. مذهب، ایدئولوژی و یا باورهای گروهی می‌توانند سیستم

باورهای ما را به‌گونه‌ای دست‌کاری کنند که نه‌تنها نسبت به درد و ناراحتی افراد خارج از گروه هیچ‌گونه احساسی نداشته بلکه با چسباندن انواع برچسب های منفی، خود را مجاز به هرگونه رفتاری با آن‌ها بدانیم.

لیمبیک سیستم و به‌ویژه آمیگدالا مرکز همه گونه احساس‌های ناخوشایندی است که تجربه می‌کنیم. اطلاعاتی که توسط اینسولار کورتکس (Insular Cortex) به آمیگدالا ارسال می‌شوند معمولا شامل اطلاعاتی است که به علت ناخوشایند بودنشان نیاز به بررسی آمیگدالا دارد. باورهایی که باعث می‌شوند کسی، دیگران را در حدی دیده که شکنجه و یا کشتن آن‌ها را بر خود روا بدارد در این قسمت‌ها ثبت می‌شوند.

در رابطه خاص بین آمیگدالا و اینسولار است که با فعال شدن مکانیسم دفاعی، مرزبندی بین "خود" و "غیرخود" پررنگ می‌شود. ازآنجایی‌که ما از نظر بیولوژیکی قادر به همدردی با "دشمن" نیستیم و حتی درصدد نابودی موجوداتی هستیم که فکر می‌کنیم ممکن است آسیبی به ما بزنند، دیدن دیگران به‌عنوان موجوداتی موذی می‌تواند ما را آماده هرگونه آسیب زدن به آن‌ها بکند. قدرت وابستگی‌های فکری، قومی و قبیله‌ای در رهاسازی پتانسیل شکنجه در اعضای خود در همین نکته خوابیده است.

شکنجه‌گر نه‌تنها راحت شکنجه می‌کند بلکه خود را مستحق پاداش نیز می‌داند زیرا او وظیفه دینی، آرمانی و میهن‌پرستانه خود را به بهترین نحو انجام داده است. او، چه هنگامی‌که در نشست‌های توجیهی و عقیدتی است و چه زمانی که با همکاران از شاهکارهای اعتراف‌گیری خود لاف می‌زند همواره خود را به‌عنوان عضو ممتازی از آن گروه می‌داند که وظایف محوله را بهتر از دیگران انجام می‌دهد. او در این روند، با پاسخ گرفتن از مدارهای پاداش مغزش در ازای

بهتر شکنجه کردن دیگری، به‌تدریج تبدیل به موجوداتی می‌شود که از شکنجه کردن دیگران دچار لذت و شعف می‌شود.

زمانی که لذت شخصی و پذیرش جمعی به تقویت یکدیگر می‌پردازند، شکنجه‌گر تبدیل به هیولای بیماری می‌شود که قادر است خشونت‌های بی‌نظیری را با خونسردی انجام دهد. و زمانی که فرد زندانی از خود مقاومت نشان می‌دهد شکنجه‌گر جری‌تر می‌شود. زیرا مقاومت فرد زندانی، نه‌تنها موقعیت اجتماعی شکنجه‌گر را می‌تواند متزلزل کند بلکه باورهای او را نیز تحت پرسش قرار می‌دهد.

آیا می‌توان گفت که مقاومت فرد زندانی و جنون شکنجه‌گر، رفتارهایی آگاهانه و ارادی نیستند؟

این را در بحث اراده آزاد و جبر و اختیار دنبال خواهیم کرد. اما در بخش بعد نگاهی به سلول انفرادی به‌عنوان یکی از رایج‌ترین شکنجه‌های زندان سیاسی، و شرایط، عوارض و واکنش‌های فرد زندانی خواهیم داشت.

بخش پنجم: سلول انفرادی

زندان سیاسی دو رو دارد: شکنجه، یک روی آن، و روی دیگر
پایداری زندانیان است.

تصور کردن سلول انفرادی برای کسانی که آن را تجربه نکرده‌اند کار
ساده‌ای نیست. سلولی حدود یک در دو متر با دیوارهای بتونی، سکوت کامل،
تنهایی و دیگر هیچ؛ روزها و ماه‌ها و شاید سال‌ها با احساس مبهمی از آینده‌ی
نامشخص. در این یکنواختی سرسام‌آور، زندانی مانده است و خاطره‌هایش، و
گهگاه، متمرکز شدن بر کوچک‌ترین خطوط و اشکال روی دیوارهای سلول و
دقت بر صداهای نامفهومی که از بیرون می‌آید. سلول‌های انفرادی انباشته‌اند از
سکوت‌های دردناک و طولانی، بی‌خبری، شلاق، تجاوز، بی‌خوابی، درد، خون و
مرگ. کم نیستند زنان و مردانی که خاطرات تلخ سلول انفرادی را همواره در
ذهن خود تکرار می‌کنند. در این میان کسانی هستند که کودکی‌شان با
سلول‌های انفرادی گره خورده است.

مدت‌زمان سلول انفرادی، اگر متمرکز بر گرفتن اطلاعات باشد معمولا کوتاه
است و همراه با بازجویی‌های متراکم و بی‌وقفه؛ اما اگر با هدف تخریب الگوهای

روانی فرد زندانی باشد برای مدت طولانی برنامه‌ریزی می‌شود.[1]

این بخش از کتاب به آن نوع سلول انفرادی‌ای می‌پردازد که فرد را برای مدت طولانی به حال خود رها می‌کنند تا شرایط برای روشهای مختلف مغزشویی فراهم شود.

مغزشویی

سلول انفرادی، صرفا جداسازی فرد از جمع نیست بلکه ایجاد شرایط به ظاهر ساده‌ای است که به عوارض پیچیده‌ای منجر می‌شود که درباره برخی از آن‌ها بیشتر صحبت شده و برخی کمتر.

سلول انفرادی را می‌توان یکی از رایج‌ترین شکنجه‌هایی دانست که در اکثر زندان‌های دنیا به‌عنوان فشار مضاعف بر زندانیان اعمال می‌شود. در زندان‌های حکومت‌هایی مانند جمهوری اسلامی، استفاده از سلول انفرادی متمرکز است بر مکانیسم مغزشویی و ایجاد اختلال در سیستم باور فرد زندانی تا با تغییر در نحوه استدلال، او را از هویت مشخص و منسجمی که دارد تهی کرده، مرزبندی‌هایش را مخدوش سازند و او را تبدیل به موجودی کنند که با ایده‌های زندانبان همخوانی داشته باشد. برای این منظور، اولین پیش‌شرط، جدا کردن

---

[1] ایده تابوت‌ها در زندان قزل‌حصار در سال‌های اولیه دهه شصت، ترکیبی بود از هر دو شرایط سلول انفرادی، یعنی فشار و تخریب هم‌زمان، که برای شکستن سریع‌تر زندانیان سیاسی "سر موضعی" به مورد اجرا گذاشته شد. تصور زندانبان این بود که شکستن هر یک از کسانی که به‌نوعی بر دیگران تاثیرگذارند می‌تواند باعث تضعیف روحیه پایداری در دیگران شود.

زندانی از دیگران است.

جداسازی زندانی از دیگران، نه‌تنها به منظور دگرگونی هویت اجتماعی او انجام می‌شود بلکه بر اساس آموزه‌های روان‌شناختی‌ای مانند تئوری بی‌کسی (Helplessness Theory) است که می‌گوید مقاومت انسان در تنهایی و خارج از جمع، شکننده‌تر خواهد بود.[1]

فقدان روابط اجتماعی، باعث مرگ کسی نخواهد شد اما موجودیت انسانی‌اش را مخدوش کرده و او را آسیب‌پذیرتر می‌کند. شناخت و باورهای ما با دریافت اطلاعات از محیط است که ساخته و تقویت می‌شوند و تغییر اساسی و ناگهانی محیط می‌تواند زمینه را برای تضعیف باورها فراهم کند. پویایی و دینامیسم انسان در روابط با همنوعان است که نمود پیدا می‌کند و انسان بودن ما، در کیفیت روابطی است که در جامعه داریم.

محرومیت از ارتباط با دیگران برای انسان که موجودی بشدت اجتماعی است منجر به احساس بسیار ناخوشایندی می‌شود که اصطلاحا به درد اجتماعی (Social Pain) معروف است. ساز و کار شبکه اجتماعی در مغز انسان به‌گونه‌ای است که انزوای طولانی‌مدت باعث یکسری از عوارض عصبی و رفتاری در وی می‌شود.[2]

پاولوف با اشاره به این‌که نیاز افراد به ارتباط و دریافت اطلاعات از بیرون

---

[1] "تئوری بی‌کسی" به معنای باور به تنها و بی‌کس بودن و نداشتن هیچ امید و روزنـه‌ی نجات، را می‌توان در افرادی که احساس شدید تنهایی می‌کنند نیز یافت.
[2] اضـطراب، خصـومت ورزی و بـدگمانی، جمـع‌گریزی (Isolation Syndrome)، اخـتلال خواب، افسردگی، اختلال تغذیه، چـاقی مفـرط، بیمـاری قلبـی، سـرطان و ... از عوارضـی هستند که با احساس جدایی از جمع تشدید می‌شوند.

بسیار متنوع می‌باشد می‌گوید که افراد درون‌گرا در زندان کمتر دچار آسیب‌دیدگی می‌شوند زیرا نیاز کمتری به ارتباط با دیگران دارند. شاید به این دلیل است که گفته می‌شود افرادی که الگوهای ذهنی و رفتاری آن‌ها کمتر به روابط اجتماعی وابسته است، بهتر می‌توانند خود را در شرایط سلول انفرادی حفظ کنند. آیا می‌شود گفت که افراد برون‌گرا برای افزایش قابلیت پیش‌بینی در جستجوی کسب اطلاعات بیشتر هستند و افراد درون‌گرا به همان ذخیره‌های موجود در حافظه بسنده می‌کنند؟[1] و یا این‌که به دلیل تفاوت تجربیات زیستی افراد است که برخی از آن‌ها همواره با مکانیسم دفاعی فعال‌تری با دیگران برخورد می‌کنند؟

هدف اساسی سلول انفرادی، شکستن سپر دفاعی فرد زندانی و تغییر در نحوه تفکر او بوده و در مقابل، تلاش اصلی فرد زندانی، نشکستن و حفظ هویت خود است. سلول انفرادی و روش‌های دیگر مغزشویی با اتکا به این واقعیت که شارژ باورها و هویت انسان‌ها نیاز به روابط اجتماعی روزانه دارد، با محروم کردن پیوندهای اجتماعی، می‌خواهد زندانی را به موجودی منفرد، قابل‌کنترل و سازش‌پذیر تبدیل کند.

باآنکه از دهه ۱۹۵۰ و پس از مشاهده تغییرات ایجاد شده در اندیشه و رفتار سربازان آمریکایی که برای مدتی در اسارت چینی‌ها (در جنگ کره

---

[1] گفته می‌شود که افراد با روابط اجتماعی بالا دارای گیرنده‌های بتااندورفین بیشـتری در مدارهای مغز به‌ویژه در بخش فرونتال هستند. این به معنای آن اسـت کـه اگـر کسـی بـه دلایل ژنتیک و یا اپی‌ژنتیک دارای تعداد بیشتری گیرنده بتااندورفین باشد، بـرای سـیراب کردن آن‌ها، تمایل بیشتری به‌سوی اجتماع و رابطه با دیگران خواهد داشت.

۱۹۵۰-۱۹۵۳) بودند عنوان "مغزشویی" مطرح و رایج شد اما تاریخ استفاده از این شیوه به بسیار پیش‌تر برمی‌گردد. در ابتدا از مکانیسم آن اطلاع دقیقی در دسترس نبود و به‌تدریج مشخص شد که فشارهایی مانند سلول‌های انفرادی و بی‌خوابی مستمر می‌توانند مغز زندانی را به‌گونه‌ای تخریب کنند که او پذیرنده هر ایده جدید از طرف زندانبان شود. امروزه اصطلاح مغزشویی را در بسیاری از موارد بکار می‌برند اما منظور این کتاب، روش‌های خشن آن در زندان‌های سیاسی و بر روی مخالفین سیستم حاکم است که با هدف ایجاد اختلال در روند عادی مغز افراد و آماده‌سازی آن‌ها در پذیرش باورها و اندیشه‌های زندانبان انجام می‌شود.[۱]

هدف اصلی در روند مغزشویی، خاموش کردن تدریجی بخش فرونتال مغز به‌گونه‌ای ست که فرد زندانی، بی‌آنکه خود متوجه شود توان قضاوت و استدلال را از دست داده و پس از مدتی دارای باورهایی شود که از طرف زندانبان به او القا شده است. نکته مهم در این امر این است که زندانی بپذیرد خودش به چنان نتایجی رسیده است و از آن‌ها به‌عنوان ارزش‌های خود، پاسداری کند. به این دلیل است که افراد مغزشویی شده حتی پس از آزادی، برای مدتهای طولانی، از باورها و ارزش‌های جدید خود دفاع می‌کنند.

برخی از متخصصان، مکانیسم مغزشویی را با روند بازتاب‌های شرطی مقایسه کرده و شرطی‌سازی بر اساس تنبیه و تشویق را زیربنای آن می‌دانند.

---

[۱] اگرچه برخی از افراد تمایل زیادی در استفاده از واژه "مغزشویی" نداشته و بیشتر از اصطلاحات دیگری مانند "تغییر شخصیت"، "کنترل ذهن"، "مسخ هویت" و یا حتی "اصلاح فکر" استفاده می‌کنند، ولی اصطلاح مغزشویی حتی اگر یک تشبیه شاعرانه باشد اما به‌روشنی دگرگونی‌های اساسی در باورهای یک فرد را نشان می‌دهد.

این نکته را پیش‌تر ایوان پاولوف (Ivan P. Pavlov) پزشک، عصب‌شناس و روان‌شناس روس مطرح کرده بود. او در طی آزمایش‌هایی که در رابطه با نظریه شرطی شدن مغز انجام می‌داد متوجه شد که "هم‌زمانی دو محرک" می‌تواند به شرطی شدن خودکار منجر شود. او طی آزمایش‌هایی که انجام می‌داد دریافت که ترکیبی از "استرس"، "بی‌خوابی" و "انزوا" می‌تواند زمینه‌ساز تغییرات اساسی در رفتار سگ‌ها شده و آن‌ها را کاملا مطیع کند. او دریافت که این امر احتمالا در نتیجه آسیبی است که به مغز، به‌ویژه به حافظه و آموخته‌های آن‌ها وارد می‌شود.

مکانیسم مغزشویی، چه منطبق بر بازتاب‌های شرطی باشد و چه نباشد، دارای یک پروسه چندمرحله‌ای است که به تکنیک (ICURE) مشهور است.[۱]

این روش، ابتدا با قطع کامل ارتباط فرد با دیگران و جداسازی او از جمع و از شرایط قبلی آغاز می‌شود. مرحله بعدی، کنترل همه‌جانبه فرد زندانی در همه امور حیاتی، ضروری و اختیاری او است. مرحله سوم ایجاد شک در درست بودن باورها و ارزش‌های او، و پس‌ازآن، مرحله جایگزینی باورهای جدید موردنظر زندانبان بجای باورهای متزلزل شده فرد زندانی است. مرحله آخر، تثبیت و تقویت باورهای جدید تلقین شده به ذهن فرد زندانی است تا جایی که او از آن‌ها به‌عنوان باورهای خود دفاع کند. در تمام مراحل مغزشویی، تنبیه (و گاهی تشویق) حضور دائمی دارد.[۲]

هسته اصلی روش "مغزشویی" را شاید بتوان اختلال شناخت، و تحریک

---

[۱] Isolate-Control-Uncertainty-Repetition-Emotions
[۲] در رابطه با مکانیسم مغزشویی به مقاله‌ای تحت عنوان "مغزشویی و اختلال روانی، تحول نیست" نوشته محمدرضا حسینی در کیهان لندن مراجعه کنید.

هم‌زمان مکانیسم دفاعی در مغز افراد زندانی دانست. زندانی را تا مرحله نزدیک به مرگ و نابودی می‌کشانند تا مکانیسم دفاعی مغزش بشدت تحریک شده و در جستجوی هر امکانی برای ادامه زیستن برآید. (در مواردی شبیه به "عارضه استکهلم" مدیریت غریزی بقا، کنترل فرد را به دست گرفته و به‌سوی هر روزنه کوچک نجات و رهایی می‌کشاند حتی اگر از سوی زندانبان پیشنهاد شده باشد.) در شرایط بسیار بحرانی و کنترل رفتار مغز توسط آمیگدالا که باعث کاهش فعالیت بخش‌های اجتماعی-استدلالی شده و آن‌ها را تقریبا فاقد کارایی و اثرگذاری می‌کند، یافتن راه نجات بسیار مهم‌تر خواهد شد تا بررسی عامل اصلی مشکلات.

در صورت موفقیت روشهای مغزشویی، فرد می‌پذیرد که شرایط جدیدی ایجاد شده است و با تردید جدی در کارایی الگوهای قدیم خود در جستجوی یافتن الگوهای متناسب با شرایط جدید برمی‌آید. الگوهای جدید را زندانبان، همراه با انواع روشهای تنبیه و تشویق، به او ارائه می‌کند و او با پذیرش آن‌ها و کاهش فشار از سوی زندانبان، به وضعیتی می‌رسد که برای مدت‌ها تمایلی به تغییر آن نخواهد داشت.

محرومیت از خواب

در بسیاری از زندان‌های سیاسی و به‌ویژه در سلول‌های انفرادی، از روش "محرومیت از خواب" (Sleep Deprivation) به‌عنوان یک شکنجه هدفمند در مکانیسم مغزشویی استفاده می‌شود.

خواب یکی از حیاتی‌ترین فعالیت‌های ترمیمی در همه موجودات است. هیچ

موجودی بدون خواب و ترمیم فعالیت‌های روزانه‌اش قادر به ادامه حیات نمی‌تواند بود. خواب یکی از اصلی‌ترین نیازهای حیاتی بشر است که در طی آن ترکیبی پیچیده از عملکردهای بیولوژیکی و ترمیمی رخ می‌دهند و هر چه مدت محرومیت از خواب بیشتر باشد عوارض بیولوژیکی آن نیز شدیدتر خواهد بود.

گای میدوز (Guy Meadows) متخصص فیزیولوژی خواب، باور دارد که خواب، قوی‌ترین و طبیعی‌ترین درمان برای بسیاری از مشکلات جسمی و روانی است و نقش مهمی در تعادل هورمونی ما دارد.

بی‌خوابی همچنین با افزایش حساسیت تحریک‌پذیری سلول‌ها، باعث می‌شود تا درد بیشتری احساس کنیم. به همین دلیل اولین موردی که یک درمانگر باید جستجو کند کیفیت خواب بیمار است.

یافته‌های جدید حاکی از وجود ارتباط میان اختلال خواب مستمر و افزایش افسردگی، اضطراب، استرس، شیزوفرنی، و حتی میل به خودکشی است.

بی‌خوابی اجباری به اختلالات جدی شناختی-استدلالی-تمرکزی، و سپس به توهم و تشنج منجر شده و در صورت ادامه، نهایتا می‌تواند باعث مرگ شود.

باید گفت که خواب، نه فقدان بیداری است و نه عدم فعالیت. کارگاه مغز هیچ‌گاه تعطیل نمی‌شود، تعطیلی مغز یعنی مرگ. خواب، در واقع، آماده‌سازی مغز برای مدیریت بهتر در روز است. بدون خواب، نه‌تنها خسته بلکه بیمار خواهیم شد. پس از حتی یک‌شب بی‌خوابی، عملکردهای عادی مغز انسان (به‌ویژه در تمرکز و حافظه) دچار اختلال جدی می‌شوند. سیستم ایمنی حتی با یک‌شب بی‌خوابی دچار نقصان شده و از فعالیت سلول‌های ایمنی معروف به

(Natural Killer Cells) به مقدار ۶۰ تا ۷۰ درصد کاسته می‌شود.

خواب دارای مراحل متعدد و پیچیده‌ای است که دربردارنده یکسری از فعالیت‌های حیاتی می‌باشند. یکی از عملکردهای مهم مغز در هنگام خواب، پاک‌سازی است. در هنگام بیداری، سوخت‌وساز مغز توسط واسطه‌ای به نام ادنوسین (Adenosine) انجام می‌شود. پاک‌سازی مغز از اضافات ادنووسین، تنها یکی از چندین بازسازی و تعمیراتی است که در مراحل خواب انجام می‌شود.

علاوه بر پاک‌سازی مغز، مهم‌ترین فعالیت‌های دیگری که در مراحل مختلف خواب انجام می‌شوند عبارتند از تنظیم‌های متابولیک عصبی و قند خون، بررسی و تثبیت حافظه (Memory Consolidation)، معاینه و بررسی موتورهای خودکار مغز، تنظیم ساعت درونی (Circadian Rhythms)، تقویت کارکرد سیستم ایمنی و هورمون رشد و.....

دانشمندان پس از چند دهه پژوهش توانستند شواهد محکمی مبنی بر اهمیت خواب در تقویت حافظه و شناخت محیطی پیدا کنند.[1]

با توجه به این نکته که بی‌خوابی و یا کم‌خوابی شدید، بر استدلال و قضاوت ما اثر منفی می‌گذارد می‌توان به اصرار زندانبان بر اجرای محرومیت زندانی از خوابیدن به‌ویژه به هنگام بازجویی‌ها و یا پروسه‌های مغزشویی پی برد. عوارض

---

[1] مجموعه اطلاعاتی که در طول روز و روزهای گذشته وارد مغز شـده‌اند هـر شـب مـورد ارزیابی قرار گرفته، بیشترین مقدار آن حذف شده و مغـز، آمـاده بـرای دریافـت اطلاعـات جدید روز بعد می‌شود. به همین دلیل است که پس از یک خـواب خـوب، مغـز مـا بـرای یادگیری آماده‌تر از هر وقت دیگر است.

بی‌خوابی را می‌توان جبران کرد ولی تاثیرات مغزشویی، بسیار قوی و پایدار باقی می‌مانند. به نظر کاتلین تایلور (Kathleen Taylor) فیزیولوژیست و متخصص مغز و اعصاب، در مغز افراد تحت تاثیر شستشوی مغزی، مسیرهای عصبی سختی ایجاد می‌شوند که سازمان‌دهی مجدد آن‌ها و فرایند بهبودی فرد را دشوار می‌کند. منظور این است که بحران هویتی‌ای که در زمان مغزشویی ایجاد شده، به این سادگی قابل‌ترمیم نخواهد بود به‌ویژه زمانی که خود فرد متوجه تاثیرات مغزشویی بر خود نباشد.

درک زمان

محرومیت از خواب باعث تغییر بیان برخی از ژن‌هایی می‌شود که در کنترل ریتم زیستی (Biorhythm) و بسیاری از فعالیت‌های حیاتی سمپاتیک (SNS) و پاراسمپاتیک (PNS) نقش دارند.

تنظیم‌کننده خواب‌وبیداری را به ساعت درونی نسبت می‌دهند. ساعت درونی بدن در شرایط سلول انفرادی می‌تواند دچار تغییرات اساسی شده و بر کارکرد طبیعی بدن و سلامت فرد آسیب بزند.

در شرایط یکنواخت، بدون فعالیت و بی‌برنامه سلول‌های انفرادی، درک زمان در مغز ما متفاوت شده و الگوهای سابق مغز پاسخگوی شرایط جدید نمی باشند، حال آن‌که تداوم زندگی مجازی درون سلول انفرادی، به وقت‌شناسی و رعایت زمان بستگی دارد. این مساله، نیاز افرادی که در سلول‌های انفرادی به سر می‌برند به ساختن الگوهای جدیدی برای درک زمان (و یا به عبارت برخی از زندانیان سیاسی نیاز به "مدیریت زمان") را به‌روشنی نشان می‌دهد؛ امری که

برای زندگی طولانی در سلول انفرادی یک نیاز حیاتی محسوب می‌شود زیرا بدون داشتن الگوی مناسب زمان، ساختن دنیای مجازی برای او غیرممکن است. درک زمان در مغز ما با درک مکان گره خورده و به کمک حافظه، شرایط انتزاع، تخیل و تصویرسازی را فراهم می‌آورند. مغز ما با استفاده از این‌گونه قابلیت‌ها است که می‌تواند در سلول انفرادی برای خود یک دنیای مجازی ایجاد کرده و از آسیب‌های زندان بکاهد.

زندانیانی که تجربیات زیادی از سلول‌های انفرادی کسب کرده‌اند می‌دانند "مدیریت زمان" و "دنیای ذهنی" دو عامل به‌هم‌پیوسته و دو نیاز اساسی زیستن طولانی در سلولهای انفرادی است.

تنظیم زمان در زندگی عادی بیرون از زندان، امری است که به‌طور طبیعی انجام شده و ما کمتر متوجه آن می‌شویم. اما برای کسی که مدت زیادی در سلول انفرادی به سر می‌برد، این مدیریت، یک چالش اساسی بشمار می‌رود. چالش به این دلیل که درک زمان در مغز او دچار تغییر شده و دیگر به‌عنوان یک نیاز زیستی دانسته نمی‌شود. با اینکه زمان، به معنای درک شبانه‌روزی، پس از حدود چند ماه ماندن در سلول انفرادی اهمیت خود را از دست می‌دهد، اما واقعیت این است که همواره درک مشخصی از زمان در تک‌تک سلولهای ما به‌صورت ریتم‌های منظم وجود دارد.

فرقی نمی‌کند که ما زمان را توهم بدانیم یا نه؛ به جریان خطی گذشته-حال-آینده (Presentism) باور داشته باشیم و یا به زمان‌های منطبق بر یکدیگر (Eternalism)؛ مغز ما بر اساس درکی که خود از زمان دارد کار می‌کند و این

درک، یک ضرورت برای کارکرد بهینه تمام سلولها است.

درک زمان (و یا گذشت زمان)، چه زائیده ذهن ما باشد و چه نباشد، ریتم‌های منظم زمانی، واقعیتی است که در سلول‌های بدن و در کل سیستم عصبی وجود دارد.

مایکل الوویتز (Michael B. Elowitz) زیست‌شناس آمریکایی که در مورد ریتم سلول‌ها تحقیقات جالبی دارد می‌گوید سلول دارای نوسانات منظم تکرارشونده‌ای است (Oscillations) که رفتارش را تعیین می‌کند. او این نوسانات ریتمیک را الگوهایی می‌داند که بی‌وقفه تکرار می‌شوند و باعث ارتباط بین سلول‌ها و حتی تغذیه و تکثیر آن‌ها می‌شوند. سیکل سلولی (Cell Cycle) اساس فعالیت هماهنگ سلول‌ها است. سلول همواره در حال تپش است و نوع نوسانش بستگی مستقیم دارد به نوع پروتئین‌های فعال درون آن. سلول‌ها و چرخ‌دنده‌های پروتئینی داخل آن‌ها بر اساس ریتم‌های منظمی کار می‌کنند که نه‌تنها ساعت بیولوژیک بلکه درک مغز ما از زمان را به شیوه خود می‌سازند. این ریتم در هماهنگی و یا ناهماهنگی با ریتم‌های بیرونی است که به ارتباطات متقابل بین سلول و محیط می‌پردازد.

هماهنگی ریتم سلول‌های مغز ما با محیط است که ساعت بدن را قادر می‌سازد تا خود را هماهنگ با تغییرات روزانه، ماهانه و فصلی تنظیم و از هرکدام الگوی ویژه بسازیم و به نظر می‌آید که مغز ما فعالیت‌های شناختی و

مقایسه‌ای خود را بر مبنای همین الگوها تنظیم می‌کند.[1]

ساعت درونی ما نه‌تنها الگوهای خواب‌وبیداری، بلکه هماهنگی کل سیستم بدن و مغز ما را تنظیم می‌کند. این ساعت درونی توسط منطقه‌ای در هیپوتالاموس مغز کنترل می‌شود که هر روز خود را بر اساس چرخه روز-شب و ماه و فصل تنظیم می‌کند. تولید و انتشار بسیاری از هورمون‌های ضروری بدن، به‌ویژه ملاتونین، با این ساعت هماهنگ می‌شود.[2]

بنابراین می‌توان گفت که وجود الگوهای مناسب زمان برای انسان، نوعی ابزار کمک‌کننده زیستی است و واضح است که دور شدن از هرگونه امکان کمک‌کننده زیستی، عوارض فراوانی در روان فرد ایجاد می‌کند.

درک زمان، یکی از بنیادهای رابطه ما با محیط است که با هویت ما گره خورده، و به این دلیل، مدیریت زمان در سلول انفرادی، حتی به شکل مصنوعی، یک ضرورت است.

---

[1] گفته می‌شود که ساعت روزانه (Circadian Clock) و ریتم روزانه پروتئین‌ها در تک‌تک سلول‌ها ذخیره شده و در کارکرد آن‌ها تاثیر می‌گذارند. سلول به ریتم (سیکل سلولی) و ساعت درونی نیازمند است تا بر اساس آن یا وارد فاز فتوسنتز شده و یا وارد فازی شود که نیتروژن را قابل‌مصرف برای بدن کند. این دو فعالیت حیاتی نمی‌توانند در یک زمان و در یک‌فاز باهم اجرا شده و بدن نیاز دارد که در زمان‌های معین وارد یکی از فازها شود. نقش ریتم‌های پروتئینی در مدیریت و تنظیم این دو فاز حیاتی، امری غیرقابل‌انکار است.
[2] ساعات فعالیت روزانه را پروسه C و وضعیت خواب‌آلودگی را پروسه S و یا فشار خواب هموستاتیک (Homeostatic Sleep Pressure) می‌نامند. هماهنگی مناسب بین دو پروسه C و S در تعادل خواب و بیداری، نقش مهمی دارد.

محیط یکنواخت سلول انفرادی

دریافت اطلاعات محیط توسط مغز را باید یکی از ابتدایی‌ترین حقوق بیولوژیک انسان دانست زیرا کاهش دریافت اطلاعات، با ایجاد اختلال در حافظه و اغتشاش در سیستم شناختی و تضعیف قابلیت پیش‌بینی، بقای فرد را به خطر می‌اندازد.

مغز ما با نادیده گرفتن اطلاعات تکراری سلول انفرادی دچار کمبود اطلاعات می‌شود.[1] کاهش اطلاعات، به‌طور مستقیم باعث کاهش توان مدیریتی مغز می‌شود. هر چیزی که توانایی‌های مدیریت مغز را محدود کند باعث تشویش و اضطراب می‌شود. مغز ما نسبت به کمبود داده‌ها حساس بوده و اذیت می‌شود زیرا کمبود داده‌های دریافتی را معادل می‌داند با کاهش توان پیش‌بینی و مدیریت خود.

مغز انسان یک ماشین پیش‌بینی و بررسی احتمالات، بر اساس تئوری بیزین (Bayesian) است. این ماشین با مقایسه کردن اطلاعات گذشته و اکنون به پیش‌بینی احتمالات آینده می‌پردازد، یکی از عوامل آزاردهنده سلول انفرادی، نا روشنی آینده است که قابلیت پیش‌بینی مغز را دچار اختلال می کند.

---

[1] فقدان اطلاعات در سلول انفرادی به معنای عدم ارسال سیگنال از سوی حسگرها نیست بلکه به دلیل توجه نکردن مغز به اطلاعات تکراری و بی‌فایده است. به همین دلیل است که ما پس از مدت کوتاهی نسبت به صدای یکنواخت و یا به بوی بد محیط، به‌اصطلاح "عادت" می‌کنیم.

آینده

در سلول انفرادی که زمان حال، تنها امکان موجود است و آینده در حد
یک احتمال بسیار ضعیف و دور، زندانی می‌ماند و احساس بی‌قراری نسبت به
آینده نامشخص. او اگر حدس‌های بدون محاسبه زده و رهایی را نزدیک بداند،
دچار لحظه‌شماری و بی‌قراری‌های آزاردهنده‌ای می‌شود، و اگر آن را ناممکن و
دست‌نیافتنی بداند نتیجه‌ای جز یاس و افسردگی نخواهد داشت.

در خاطرات بیشتر زندانیان سیاسی به بلاتکلیفی و ندانستن زمان رهایی و
یا پایان یافتن سلول انفرادی به‌عنوان فشار مضاعف بر زندانی اشاره شده و آن را
یک اقدام عمدی از سوی زندانبان دانسته‌اند. بی خبری از آینده می‌تواند نقش
بزرگی در پایداری زندانی سیاسی داشته باشد. به جرات می‌توان گفت بیشتر
افرادی که در اتاق‌های بازجویی تسلیم شده و اطلاعات دادند اگر می‌دانستند
که نهایتا اعدام خواهند شد به احتمال بسیار زیاد هیچ‌گاه تسلیم نمی‌شدند.

انتظار چیزی را داشتن، و یا نداشتن، نقش مهمی در محاسبات ذهنی ما
بازی می‌کند.

در یک آزمایش تجربی، گروهی از داوطلبان می‌توانستند با زدن دکمه
توقف، ارسال شوک‌های الکتریکی آزاردهنده به خود را قطع کنند و گروهی
دیگر چنین دکمه‌ای در اختیار نداشته و زمان پایان درد را نمی‌دانستند. افراد
گروه اول قادر به تحمل درد بیشتری بودند تا افراد گروه دوم که دکمه توقف در
اختیار نداشتند. تکرار این این آزمایش در چندین مرحله و به اشکال مختلف،
روشن‌کننده این واقعیت بود که علاوه بر داشتن کنترل شخصی، آگاهی از زمان
پایان سختی‌ها، بر کیفیت پایداری و تحمل شرایط ناگوار تاثیر مستقیم

می‌گذارد.

زندگی مجازی

بررسی محیط و تشخیص موقعیت، از نیازهای مدیریتی مغز است که باعث می‌شود ما بیشتر متمرکز و متوجه به پیرامون خود در زمان حال باشیم و کمتر به گذشته و تجربیات خود بپردازیم. اما زمانی که در سلول انفرادی به سر می‌بریم و محیط برایمان اطلاعات قابل‌توجهی ندارد، مغز ما متمرکز به درون شده و به سراغ اطلاعات ذخیره شده -به‌عنوان تنها منبع موجود- می‌رود تا مدارهای موردنیاز خود را شارژ کند.

فقدان اطلاعات، یکی از مهم‌ترین علت‌های رویکرد مغز به استفاده از اطلاعات ذخیره شده است. به همین علت کسی که در زمان حال اطلاعات فراوانی برای پردازش داشته باشد کمتر به گذشته می‌اندیشد. سلول انفرادی فرصتی برای پرداختن مغز به اطلاعات ذخیره شده گذشته را فراهم می‌آورد، فرصتی که قبلا نداشتیم.

زیر و رو کردن خاطرات گذشته معمولا همراه می‌شود با یافتن و بزرگنمایی اشتباهات خود. در این مرحله برخی از افراد به گرداب خودزنی افتاده و هرچه پیش‌تر می‌روند به جنون یا خودکشی و یا تواب شدن نزدیک‌تر می‌شوند. بسیاری از افراد در همان مراحل اولیه، به خود آمده و به‌جای افتادن به مسیر خطرناک خودزنی، از خاطرات خود برای ساختن یک زندگی مجازی استفاده می‌کنند. مغز فعال ما می‌تواند یک بیرونِ مجازی در درون خود ایجاد کرده و با آن زندگی کند. زیست مجازی، با این‌که باعث توهم در درک عینیت می‌شود

اما، تنها امکان برای حفظ خود در آن شرایط است و سلول انفرادی احتمالا یکی از بهترین مکان‌ها برای ایجاد یک زندگی خیالی و ذهنی است.

هر کس برای فرار از یکنواختی‌های سلول انفرادی زندگی خود را آن‌طور که می‌خواهد می‌سازد و در ذهنیت خود آن را زندگی می‌کند.

در زندان الکاتراز یک سیاه‌چال انفرادی وجود داشت که از آن به‌عنوان سلول تنبیهی استفاده می‌شد[1]. این سیاه‌چال مانند گوری بود به مساحت تقریبی سه در سه متر و به طریقی ساخته شده بود که نه صدایی به آنجا می‌رسید و نه حتی ذره‌ای نور. در آنجا گوش‌ها و چشم‌ها به ناگهان با دنیای بیرون قطع ارتباط کرده و هیچ‌گونه محرکی دریافت نمی‌کردند، گویی که جهان بیرون اصلا وجود ندارد. هیچ‌کس نمی‌توانست بیشتر از یکی دو روز بودن در آنجا را تحمل کند. اکثرا شروع می‌کردند به کوبیدن سر و یا مشت خود به دیوار. بیشتر کسانی که بعد از یکی دو روز ماندن در سیاه‌چال، بیرون آورده شدند تا مدتی علائم روان‌پریشی شدید از خود نشان می‌دادند. تنها یک نفر بنام "رابرت ویکتور لوک" بود که به‌طور شگفت‌انگیزی توانست به مدت ۲۹ روز در آن سیاه‌چال دوام بیاورد. او در آن مدت در ذهن خود یک دنیای مجازی ایجاد کرده و تصویرهایش را آن‌چنان واقعی و باورکردنی ساخته بود که خودش هم فراموش کرده بود که در یک دنیای مجازی زندگی می‌کند. او با زندگی روزانه در این دنیای تخیلی، با شبیه‌سازی دریافت اطلاعات از محیط، توانسته بود بر

---

[1] زندان آلکاتراز در جزیره آلکاتراز واقع در خلیج سانفرانسیسکو آمریکا از ۱۸۵۰ تا ۱۹۳۳ زندان نظامی بود ولی پس از آن یعنی از سال ۱۹۳۴ به زندان فدرال تبدیل و حدود ۲۹ سال مرکز مجرمین و جنایتکاران حرفه‌ای بود. این زندان در سال ۱۹۶۳ برای همیشه تعطیل و تبدیل به موزه شد.

بی‌قراری‌های مغز خود غلبه کند.

او پس از آزادی کتابی دراین‌باره نوشته و در آن شرح می‌دهد که چگونه در عالم خیال به سفر می‌رفته و حتی سوار کایت می‌شده است. او می‌گوید که در تمام آن مدت، آن چیزها را تصور نمی‌کرده بلکه با آن‌ها زندگی می‌کرده است. دنیای ذهنی‌ای که او خلق کرده بود آن‌چنان برایش واقعی و عینی شده بود که وقتی از سیاه‌چال خارج شد گیج و سرگردان بود و نمی‌دانست که کدام دنیا واقعی است و کدام ذهنی. برای او هر دو دنیای عینی و ذهنی به یک اندازه واقعی می‌نمودند.

تمام زندانیانی که توانسته بودند مدتی را در این حفره دوام بیاورند با ایجاد زندگی مجازی صحنه‌هایی را تصویر می‌کردند که، به گفته خودشان، نه رؤیا و خیال، بلکه عین واقعیت بوده است.

ساختن "واقعیت مجازی" در سلول انفرادی و زیستن در آن، فرد زندانی را قادر می‌سازد تا شخصیت بیرونی و هویت اجتماعی خود را به‌طور مجازی بازسازی کرده و تداوم دهد. این مساله از این نظر برای او مهم و ضروری است که به دلیل قطع روابط با محیط، اطلاعات جدیدی وارد مغز نمی‌شود تا بر اساس آن‌ها "خود" را تجدید کرده و الگوهای مغز را تغذیه کند.

دنیای مجازی هر کس معمولا بر اساس تجربیات گذشته او شکل می‌گیرد: برخی به ادامه شغلی که بیرون از زندان داشتند می‌پردازند، برخی دیگر به آرزوهای خود جامه عمل می‌پوشانند. یکی هر روز از خانه به کلاس درس و یا محل کار خود می‌رود و دیگری کتاب می‌نویسد و یا ایک ثر هنری در ذهنش خلق می‌کند.

زیستن در دنیای ذهنی و تولید اطلاعات حسی به‌صورت مجازی، تنها روشی است که در سلول انفرادی می‌تواند به حفظ مدارها و شبکه‌های مغز از آسیب‌دیدگی کمک کند.

علاوه بر آسیب‌های کمبود اطلاعات، کاهش متغیرهای محیطی در سلول‌های انفرادی نیز باعث اختلال در فعالیت‌های عصب مهم واگ می‌شوند.

عصب واگ (Vagus Nerve) به‌عنوان حیاتی‌ترین عصب بدن، نقش بسیار مهمی در کارکرد قلب و ریه، متابولیسم، سیستم ایمنی، سیستم تولید مثل و تنظیم حرارت بدن داشته و ارتباط اصلی میان مغز و دیگر ارگان‌های حیاتی مانند قلب، ریه، کبد، کلیه، روده و... را برقرار می‌کند. عصب واگ به‌طور مداوم میکروبیوم روده را کنترل می‌کند تا بر تولید و جذب مواد لازم بدن نظارت داشته باشد.

کاهش فعالیت‌های عصب واگ نه‌تنها می‌تواند به‌طور مستقیم بر کارکرد ارگان‌های حیاتی تاثیر بگذارد بلکه با تعادل بین دو رشته قدیمی و جدید خود به تنظیم فعالیت‌های مناسب سمپاتیک و پاراسمپاتیک می‌پردازد.

نظریه دو رشته‌ای بودن عصب واگ را برای اولین بار استیون پورجس

(Stephen Porges) در سال ۱۹۹۲ مطرح کرد.[1] فعالیت بیشتر هرکدام باعث کاهش فعالیت در دیگری می‌شود. به رابطه بین این دو عصب، تون واگ (Vagal Tone) گفته می‌شود.

شرایط یکنواخت سلول انفرادی منجر به کاهش واکنش‌های طبیعی بدن نسبت به دگرگونی‌های محیط و در نتیجه کاهش تون واگ می‌شود. تون واگ پایین، علاوه بر آنکه توانایی بدن در مقابله با استرس را کاهش می‌دهد، در درازمدت به کارکرد تمام اعضای داخلی بدن صدمه میزند. هر چه تون واگ بالاتری داشته باشیم تعادل مناسب‌تری بین مدارهای قدیمی و جدید عصب واگ ایجاد شده و در نتیجه کنترل بیشتری بر استرس و التهاب‌های داخلی خواهیم داشت.[2]

کاهش تون واگ که به دلایل مختلف زندان و دوری از اجتماع پدید می‌آید،

---

[1] بر اساس نظریه (Polyvagal)، مسیر قدیمی‌تر (Dorsal Vagal Complex) که بدون پوشش میلین (Myelin) بوده و از سرعت پایین‌تری در انتقال سیگنال‌های بیوالکتریکی برخوردار است، در هنگام خطر فعال شده و واکنش‌های دفاعی مانند خشک‌شدگی (Freeze) ایجاد می‌کند. مسیر جدیدتر (Ventral Vagal Complex) که فقط در پستانداران ایجاد شده (و به همین دلیل دارای پوشش میلین است) می‌تواند در شرایط مختلف تاثیرات مسیر قدیمی‌تر را کنترل کند. مسیر قدیمی‌تر، فرمان‌های لیمبیک سیستم و همچنین وضعیت سمپاتیک-آدرنال را اجرا و تقویت می‌کند (-Control Emotional) و مسیر جدیدتر برعکس مسیر اول بیشتر با فرونتال و شبکه اجتماعی همکاری دارد (Resiliency-Training).

[2] اخیرا از روشهای تحریک عصب واگ برای افزایش تون واگ و به منظور درمان بیماریهایی مانند صرع و افسردگی استفاده می‌شود.

در نزد کسانی که استرس دائم دارند کاملا محسوس و قابل‌سنجش است.[۱]

ازآنجایی‌که خودآگاهی، در روابط اجتماعی ظهور مشخصی پیدا می‌کند می‌توان گفت که سلول انفرادی، شدیدترین نوع تنهایی‌ای است که احساس هویت فرد را هدف می‌گیرد. کمبود بسیار شدید روابط اجتماعی در مدت طولانی باعث آسیب‌های شناختی، احساسی و هویتی در فرد می‌شود. اولین عارضه مشهود از این وضعیت، شک کردن به قضاوت‌های خود است که یکی از مراحل مهم مکانیسم مغزشویی است. این مرحله را می‌توان جایی دانست که زندانبان توانسته است احساس هویت زندانی را مخدوش کند. احساس هویت یا خودآگاهی ما در بدترین شرایط، ممکن است مخدوش شود اما هیچ‌گاه از بین نمی‌رود و نمی‌گذارد که شعله امید در درونمان خاموش شود و همواره به یادمان می‌آورد که نیرویی مخالف بقای من، مرا در این شرایط محبوس کرده است.

اما احساس هویت و یا "خودآگاهی" برای یک زندانی سیاسی چیست و چرا از سوی زندان و زندانبان مورد حمله قرار می‌گیرد؟

---

[۱] خاطرات بازگو شده توسط برخی از زندانیان سیاسی نشان می‌دهد که عوارض روانی حبس طولانی در سلول انفرادی، عمیق و دیرگذر است. تحقیقات مختلفی که در برخی از کشورها شده نیز تأییدکننده این مساله است که حبس طولانی‌مدت در سلول انفرادی باعث عمیق‌تر شدن حساسیت‌ها و اضطراب‌ها شده و همچنین به عوارضی مانند ضعف در توجه و تمرکز، حواس‌پرتی، سردرد و کاهش دیگر توانایی‌های شناختی می‌شود که مجموعا تحت عنوان (Mental Fog) دسته‌بندی می‌شوند.

بخش ششم: احساس هویت

> درک "خود" و "غیرخود" تمام ابعاد زندگی ما را پوشش می‌دهد.

احساس هویت و یا خودآگاهی (Consciousness) چیست؟ آیا همان توجه و تمرکز است؟ آیا تصویری است که از خود داریم؟ آیا خودآگاهی را می‌توان در بخشی از مغز یافت؟ آیا ما در زمان خواب و بیهوشی دارای خودآگاهی هستیم؟ در هنگام رؤیا و یا تخیل چطور؟ ... و بسیاری پرسش‌های دیگر، که پرداختن به آن‌ها موضوع موردبحث این کتاب نیست، اما یافتن تعریفی از خودآگاهی در جهت روش شدن چگونگی پایداری زندانیان سیاسی امری ضروری است.

هنگامی‌که به جستجوی تعریف خودآگاهی می‌پردازیم متوجه می‌شویم که باوجود قرن‌ها بحث‌وجدل درباره آن، هنوز تعریف واحد و جامعی حاصل نشده است. هر کس از زاویه‌ای متفاوت به آن نگریسته و جلوه خاصی از آن را تعریف می‌کند. گروهی در جستجوی مادی بودن آن و یافتن جایگاهش در مغز، و عده‌ای در توضیح آن به‌عنوان چیزی فراتر از ماده می‌کوشند.

برخی از فیلسوفان، خودآگاهی را فرآیندی سیال می‌دانند که نه ذات است و نه جدای از آن، بلکه در یکپارچگی هماهنگ باوجود ماست. بنا بر این تعریف، خودآگاهی، درکی درونی از وجود خود است.

رنه دکارت (René Descartes) فرانسوی را شاید بتوان اولین فیلسوف و

دانشمندی دانست که این پرسش را از زاویه درست مطرح می‌کند. او ابتدا از خود پرسید: "چگونه می‌توانم بدانم چیزی را که تجربه می‌کنم واقعیت است؟ چگونه من می‌توانم مطمئن باشم که وجود دارم و مثلا یک مغز درون ظرفی شیشه‌ای نیستم که از طریق محرک‌های محیط به این باور رسیده باشم که وجود دارم، مردم را می‌بینم و صدایشان را می‌شنوم؟" و بعد به این نتیجه می‌رسد که حقیقتا پاسخی برای این‌گونه پرسش‌ها نمی‌توان پیدا کرد. بااین‌همه او یک چیز را می‌داند و آن اینکه: "من هرچه که باشم، حتی مغزی درون ظرف شیشه‌ای، اکنون درباره این موضوعات می‌اندیشم. پس من وجود دارم که می اندیشم. همین‌که من اکنون به وجود خود شک می‌کنم پس هستم".

برخی از روان‌شناسان، "خودآگاهی" را شناخت خود و نوعی "آگاهی من از خود" می‌دانند که در فرآیند روابط پیچیده با محیط به دست آمده، تکمیل شده و در نتیجه ما را به ثبات روانی و شخصیتی می‌رساند.

نورولوژیست‌ها، با کمک گرفتن از تکنولوژی، آخرین گروهی هستند که به جمع جستجوگران خودآگاهی پیوسته و برخی از آنان نیز سعی کرده‌اند با کمک دستگاه‌های پیشرفته جدید (fMRI و TMS و tDCS و...) خودآگاهی را اندازه‌گیری کنند. برخی از آن‌ها پیش‌تر رفته و محل خودآگاهی در مغز را شناسایی و اعلام کرده‌اند. کسانی مانند راجر پنروز (Roger Penrose) فیزیکدان و ریاضیدان انگلیسی حتی سعی کرده‌اند که از خودآگاهی یک الگوریتم ریاضی ارائه بدهند.

آنتونیو دماسیو (Antonio Damasio) معروف‌ترین نورولوژیستی که ایده‌های دکارت مبتنی بر دوگانگی "جسم- ذهن" را رد کرد، با تعریف نسبتا ساده‌ای خودآگاهی را "خود"ی می‌داند که نسبت به وجود خود آگاه است.

بنا بر نظر جرالد ادلمن (Gerald M Edelman) خودآگاهی، پدیده‌ای بیولوژیک و محصول پروسه‌های سلولی پیچیده در مغز است. او خودآگاهی را دارای سطوح مختلف دانسته که بین دو مرحله اولیه (Primary) و خودآگاهی معطوف به خود (Introspective Consciousness) در نوسان است.

جولیو تونونی (Giulio Tononi) خودآگاهی را نوعی آگاهی انباشت شده و متراکم در مسیر تالاموکورتیکال مغز (Thalamo-cortical pathway) می‌داند که دارای درجات و سطوح متفاوت می‌باشد.

نظریه نسبتا مشابهی را آرنولد شیبل (Arnold B. Scheibel) نورولوژیست و روان‌شناس آمریکایی ارائه می‌دهد که می‌گوید با فعال شدن هسته‌ای بنام (Reticular Core) که نسبت به تغییرات حساس است، احساس هویت نیز فعال شده و به موجود، امکان انتخاب و واکنش‌های بقا می‌دهد.[1] خودآگاهی همواره بین ابتدایی‌ترین حالت (یعنی واکنش‌های بازتابی) تا بالاترین آن (یعنی انتخاب بین گزینه‌ها) در نوسان است. به نظر آرنولد شیبل، هر چه سربرال کورتکس مغز فعال‌تر شود خودآگاهی نیز در سطح بالاتری ظاهر می‌شود.

با این تعریف، می‌شود خودآگاهی را به عنوان ابزاری برای بقا دانست و مقدار فعال شدن آن بستگی دارد به وضعیت ما نسبت به محیط.

دکتر جو دیسپنزا (Joe Dispenza) نیز درجات مختلف امواج مغز را با سطوح مختلف خودآگاهی مربوط دانسته و می‌گوید که امواج بالاتر مغز نشان

---

[1] هر اطلاعاتی ابتدا وارد هیپوتالاموس شده و سپس به کورتکس می‌رود ولی با عبور از گذرگاهی بنام رتیکولاریس (Nucleus Reticularis Thalami) باعث باز شدن دریچه‌هایی (Gaitlets) می‌شود که آگاهی ما به قسمتی و یا کل وجود را بیدار می‌کند.

دهنده ظهور سطح بالاتری از خودآگاهی و توجه است. بنا بر نظر او فعالیت‌های موتورهای خودکار مغز دارای کمترین فرکانس بوده و هرچه فعالیت به سوی فرونتال و نیوکورتکس میرود امواج مغز ما دارای فرکانس بالاتر میشود.[1]

مایکل گازانیگا (Michael S. Gazzaniga) روان‌شناس آمریکایی که به دلیل ارائه ایده "مغز دوپاره" معروف است، با تاکید بر تخصصی بودن هر نیمکره مغز، به نحوه ارتباط آن‌ها به‌عنوان منبع خودآگاهی اشاره می‌کند. گازانیگا ایده اصلی خود را از آزمایش‌های همکارش راجر والکات اسپری (Roger Wolcott Sperry) که بر روی مغز گربه‌ها کار می‌کرد گرفت اما با ادامه آن و گسترش ایده‌های خود به مغز انسان به این نتیجه رسید که هر یک از نیمکره‌های مغز، ادراک مستقل و متفاوتی از وجود و شخصیت فرد را بیان می‌کند. او ریشه خودآگاهی را در جمع تفسیرهای متفاوت دو نیمکره مغز جستجو کرده و می‌گوید که مغز انسان با ترکیب دو تفسیر متفاوت از دو نیمکره، به "درکی یکپارچه و واحد از وجود خود" می‌رسد. او نتیجه می‌گیرد که با گسستن ارتباط بین این دو، یعنی آسیب در جسم پینه‌ای (Corpus Callosum) که دو نیمکره مغز را با بیش از ۲۵۰ میلیون آکسون پیوند می‌دهد، خودآگاهی ما نیز صدمه می‌بیند. هرچه ارتباط بین دو نیمکره کمتر باشد اختلال شخصیت در فرد نیز بیشتر می‌شود.

بنابر این تعریف، یکی از علت‌های اصلی وجود تفاوت‌های شناختی مغز انسان‌ها با یکدیگر در موارد هوشی، احساسی و هیجانی، به ارتباط ویژه دو نیمکره مغز با یکدیگر برمی‌گردد. و از آنجائی که نسبت ترکیب شبکه‌های

---

[1] امواج مغزی به ترتیب از پایین‌ترین تا بالاترین فرکانس دلتا-تتا-آلفا-بتا-گاما می‌باشند. در حالت خواب بسیار عمیق، مغز ما دارای کمترین طول موج یعنی دلتا بوده و در حالتی که بیشترین توجه و تمرکز را دارد امواج گاما از خود نشان می‌دهد.

موجود در دو نیمکره امری ثابت نبوده و در شرایط مختلف تغییر می‌کند، خودآگاهی نیز می‌تواند در شرایط مختلف دارای ماهیت متفاوتی باشد.

البته امروزه از سر و صدای چنین ایده‌هایی کاسته و شک‌هایی بر آن‌ها وارد شده است. ولی قصد این کتاب بر آن نیست تا به تمام نظریات مختلف درباره خودآگاهی بپردازد. با این وجود، از نظریه نسبتا جدید مکس تگمارک (Max Tegmark) فیزیکدان و اخترشناس سوئدی-آمریکایی نمی‌توان گذشت. اما از آنجایی که نظریه او بر اساس برآیش (Emergence) و هم‌افزایی (Synergy) است ابتدا باید بدانیم که منظور از آن‌ها چیست.

هم‌افزایی از نظر لغوی به معنای انرژی‌های همساز است (Synced Energy). زمانی که چند مجموعه در کنار یکدیگر قرار گرفته و دارای ظرفیت جدیدی می‌شوند که فراتر از تجمع ساده آن‌ها باشد می‌گویند که هم‌افزایی رخ داده است. برخی از افراد برای روشن شدن منظور خود در بیان هم‌افزایی از مثال فرضی (2+2=5) استفاده می‌کنند.

اگر هم‌افزایی را افزایش کمی (و یا عددی) بدانیم، برآیش را باید افزایش کیفی در تجمع اعضای هماهنگ و هدفمند نامید.

با به‌کارگیری این اصطلاحات در پیچیدگی یک سیستم مانند مغز، منظور گوینده نه‌فقط افزایش اعضا از نظر تعداد و یا آشفتگی‌های کمیتی موجود است بلکه اشاره به کیفیتی است که از تجمع هماهنگ و هم‌هدف ایجاد می‌شود که ابتدا به هم‌افزایی انرژی‌های آن‌ها در فرآیندهای واکنشی، و سپس به ظهور کیفیت‌های جدیدی منجر می‌شود که در هیچ‌کدام از اعضا وجود ندارد. به ظهور این‌گونه کیفیت‌های جدید، برآیش گفته می‌شود که کیفیتی نوظهور

است و قابلیت‌های جدید و بی‌سابقه در یک مجموعه را ایجاد می‌کند.

پیتر کورنینگ (Peter A. Corning) زیست‌شناس آمریکایی، و دانشمندی که بر روی سیستم‌های پیچیده مطالعه می‌کند، "ظهور برآیش"، "نظم خودکار"، "تطبیق" و "سازگاری" را از مهم‌ترین خصوصیات ویژه سیستم‌های زنده می‌نامد. او میل به هماهنگی با محیط و گرایش به تطبیق و سازگاری (یعنی فرگشت) را کیفیتی برآمده از جمع منظم می‌داند.

"یکی از مشخصات برآیش، خودنظمی خودکار (و ظاهرا بدون دلیل مشخص) است." این نظر را جفری گلدشتاین (Jeffrey Goldstein) مطرح کرده و تأیید می‌کند که برآیش که کیفیتی جدید بر ساختار، الگوها و ویژگی‌های سیستم‌های پیچیده می‌افزاید، در فرآیندی خودکار و خودنظم ظهور می‌کند.

مکس تگمارک که بر اساس نظریه معروفش (Perceptronium) آگاهی را یک واقعیت مادی قابل‌سنجش می‌داند، خودآگاهی را برآیشی می‌داند که از هم‌افزایی فعالیت‌های مغز ظهور می‌کند. خودآگاهی محصول کمی و کیفی نوظهور از فعالیت هم‌زمان بخش‌های مختلف مغز است که در عین حال به سطحی فراتر می‌رود.

با توجه به نظریات مختلف: دو نکته‌ای که در نظریه دانشمندان مشترک است این است که ایتدا خودآگاهی امری فیزیولوژیک و محصول مغز است و سپس خودآگاهی دارای سطوح متفاوت است که هر کدام به تناسب فعالیت قسمتهای مختلف مغز ظهور میکنند.

البته درباره خودآگاهی نظریات بسیار متنوع و جالبی ارائه شده و پرداختن

به آن‌ها نیاز به نوشتاری جداگانه دارد. با توجه به تنوع نظریات و نبودن یک تعریف مشخص درباره خودآگاهی، جورج میلر (George Armitage Miller) که خود یکی از بنیان‌گذاران علم شناخت‌شناسی بشمار رفته و گویا از تکرار بی‌معنای واژه خودآگاهی توسط دیگران خسته شده بود پیشنهاد می‌کرد تا زمانی که کسی دقیقا نمی‌داند خودآگاهی چیست، حداقل برای یکی دو دهه، استفاده از این واژه ممنوع شود. اما اینک پس از گذشت چند دهه از پیشنهاد او نیز، هنوز تعریف روشنی از خودآگاهی در دسترس نیست و معلوم نیست چگونه می‌شود آن را تعریف کرد. به هر حال خودآگاهی، هر چه که باشد اگر آگاهی است باید قابل بیان باشد.

شاید هیچ‌کس از زاویه درست به آن نگاه نمی‌کند که هنوز پاسخی درخور، ارائه نشده است!

بااین‌همه ما برای منظور این کتاب نیاز داریم به تعریفی از خودآگاهی و یا احساس هویت برسیم تا بدانیم چرا برای زندانی سیاسی مهم و زندانبان در صدد مخدوش کردن آن است.

می‌دانیم که جهان پیرامون ما، واقعیتی است انکارناپذیر که مستقل از ما و خارج از ذهن ما وجود دارد و ما به دلیل زنده بودن مجبوریم نسبت به برخی از اجزا و رفتار موجود در محیط واکنش نشان دهیم. و همچنین میدانیم که مدیریت واکنش‌های ما بر عهده سیستم عصبی، به‌ویژه مغز است که به‌منظور مدیریت "بقا، رشد و تکثیر" شکل گرفته و به‌سامان شده است. اما پرسشی که ایجاد می‌شود این است که مغز بر اساس چه معیاری تشخیص می‌دهد که به‌سوی یک واقعیت بیرونی برود یا از آن دوری کند، آن‌هم در محیطی آشفته و

در هم، که از همه سو در حال تاثیر و تغییر بوده و واکنش‌های مناسب و سریع ما را می‌طلبد؟ به عبارت دیگر، مغز ما چگونه می‌داند که در میان انبوه واقعیت‌های محیط پیرامون، کدام‌یک امکان زیستی و کدام خطر است؟

در پاسخی ساده می‌شود گفت که مغز نمی‌داند. مغز ما به‌تدریج یاد می گیرد و به خاطر می‌سپارد. نتیجه این فرایند را حافظه می‌نامند که مهم‌ترین و موثرترین مکانیسم مغز برای بقا از همان ابتدای تشکیل حیات است. بدون حافظه، سیستم عصبی ما هیچ‌گونه کارایی جدی نداشته و ارگانیسم موجود، در صورت ادامه حیات، هر روز را باید از صفر شروع کند.

شناخت واقعیت‌های بیرون و ثبت اطلاعات مربوط به آن‌ها در مغز، و واکنش‌های مناسب و سریع ما نسبت به این‌همه عامل متغیر، فقط از عهده یک سیستم عصبی قدرتمند با داشتن صدها میلیارد سلول و مجموعه پیچیده‌ای از شبکه‌های بیوالکترو-شیمیایی برمی‌آید. ما دارای چنین سیستم توانایی هستیم؛ سیستمی که قابلیت مدیریتی‌اش مبتنی بر مکانیسم حافظه است.

بخش بعدی اختصاص به حافظه دارد و در اینجا صرفا اشاره‌ای کلی به آن می‌شود.

حافظه، از دوران جنینی آغاز شده، پس از تولد با سرعتی سرسام‌آور رشد کرده و مغز ما به‌طور مرتب مدارها، الگوها و شبکه‌های خود را هم‌زمان با انباشت حافظه و متناسب با آن، ساخته و تجدید می‌کند. سامانه سیستم عصبی ما به‌تدریج بزرگ‌تر شده و پیچیده‌تر عمل می‌کند و هم‌زمان با انباشت اطلاعات از سوی حسگرهای مختلف درون‌گر و برون‌گر به درک‌های مختلفی می‌رسد. بخش مهمی از حافظه ما را اطلاعات درونی و بخش دیگر را اطلاعات بیرونی

تشکیل می‌دهد. درک درونی، مجموعه اطلاعات مختلفی است که مغز ما از کارکرد تمام سلول‌ها و ارگان‌های بدن و روابط آن‌ها جمع‌آوری کرده و لحظه‌به‌لحظه تجدید می‌کند. این مجموعه از اطلاعات درونی نه‌تنها به‌منظور مدیریت مغز در کارکرد بهینه بدن، بلکه یکی از بنیادهایی است که نیمی از احساس هویت ما را می‌سازد. درک بیرونی، که مجموعه اطلاعات مهمی است که در طول زندگی از محیط بیرون کسب و ذخیره کرده‌ایم نیز بنیاد دیگری است که نیمه دیگر را تشکیل می‌دهد. به بیانی ساده‌تر می‌توان گفت که نتیجه درک درونی ما می‌شود "خود" و آنچه از بیرون می‌شناسیم و درک بیرونی ما را می‌سازد می‌شود "غیرخود".

با این که درک خود و غیرخود از آغاز تولد به شکلی کاملا ابتدایی وجود دارد اما از پیش از دوسالگی است که درک خود و غیر خود شروع به تشکیل شدن می‌کند. ما به‌مرور که رشد می‌کنیم و بر مقدار حافظه‌مان افزوده می‌شود تعریف دقیق‌تری از "خود" و "غیر خود" پیدا کرده و قابلیت بقای خود را گسترش می‌دهیم. به این ترتیب به‌تدریج احساس هویتی از خود پیدا می‌کنیم که همراه با ما رشد کرده و دارای ابعاد وسیع‌تر و کیفیتی عمیق‌تر می‌شود.

با افزایش اطلاعات و روشن‌تر شدن درک درونی و بیرونی، مغز ما قادر به شناسایی و تفکیک "خود" از "غیر خود" شده و تفاوت آن‌ها با یکدیگر را تشخیص می‌دهد. اگر چنین تشخیص و تفکیکی در مغز وجود نمی‌داشت ما قادر به ارتباط با هیچ شیئی دیگری نمی‌بودیم. بر اساس درک "خود" و تفاوتش با "غیر خود" است که ما چیزها را می‌شناسیم و مثلا به هنگام تهیه سالاد، میدانیم خیار و گوجه کدام هستند و انگشت ما کدام.

تشخیص و تمایز بین خود و غیرخود، اساس مرزبندی‌های مشخص بین

آن‌ها است؛ مرزبندی‌هایی که به‌تدریج و بر مبنای تجربیات زیستی ساخته‌وپرداخته شده و مرتب در حال تجدید شدن است.

درک "خود" و "غیر خود" و تشخیص تفاوت‌های بین آن‌ها را می‌توان پایه‌ای‌ترین ابزار شناختی مغز برای مدیریت بقا نامید.

مجموعه کنش و واکنش‌های سلول‌های عصبی، مدارها و شبکه‌های مغز با یکدیگر، و رابطه این مجموعه با سایر قسمت‌های بدن از سویی، و کلیه شناخت و واکنش‌های "من" با محیط، از سوی دیگر، ما را به درکی می‌رسانند که می‌توانیم در هرلحظه، موقعیت، وضعیت و جایگاه خود در این روابط پیچ‌درپیچ را شناسایی و مدیریت کنیم.

درک انسان از خود و احساس هویتی که پیدا می‌کند، یک شناخت بنیادین بیولوژیک است.

می‌توان تاکید کرد که ما بدون ذخیره اطلاعات درونی و بیرونی در حافظه و بدون درک تفاوت‌های بین اجزای خود و غیرخود، قادر به ادامه زندگی نخواهیم بود.[1]

---

[1] سندرم کوتارد (Cotard Syndrome) بیماری کمیابی است که بیمار فکر می‌کند فاقد ارگان یا ارگان‌هایی مانند مغز، اعصاب، قلب، ریه و یا هر چیز دیگر است. دکتر کوتارد این بیماری را به نوع جدیدی از افسردگی مالیخولیایی مربوط می‌دانست که با توهم‌های عجیب همراه است و شخص به نفی مالکیت تمام و یا بخشی از بدن خود می‌پردازد. اما به نظر می‌رسد که به‌احتمال‌زیاد قسمتی از حافظه فرد که مربوط به احساس هویت بخشی از بدن است دچار اختلال شده باشد.

خودآگاهی،به‌طور کلی، احساس هویت کاملی است که در آن نه‌تنها وجود خود را به‌عنوان چیزی متفاوت و جدا از غیرخود درک می‌کنیم بلکه درک روشنی از روابط بین خود و غیر خود را در ذهن داریم. خودآگاهی، محصول کمی و کیفی ارتباطات شبکه‌های متعدد مغز و بدن است و یک الگوی بسیار کلی است که تمام اجزای جسم و ابعاد بدن ما را می‌داند و موقعیت کلی جسم و یا بخشی از آن در فضا را می‌فهمد، و مهم‌ترین الگویی است که رابطه من با محیط را تنظیم می‌کند.

شاید بشود خودآگاهی را کیفیتی دانست با خصوصیات برآیشی (همان‌طور که مکس تگمارک اشاره می‌کند)، اما نباید فراموش کرد که خودآگاهی، نوعی آگاهی است که اگرچه در حال حاضر غیرقابل‌سنجش است اما ماهیت بیولوژیکی و سیالی دارد که به‌طور دائم در حال تغییر است. سه پارامتر اساسی خودآگاهی یعنی وضعیت خود (درک درونی)، وضعیت غیرخود (درک بیرونی) و روابط بین خود و غیرخود، به‌طور دائم در تغییر هستند. سرعت این تغییرات تا حدی است که ما حتی نمی‌توانیم نسبت این سه پارامتر با یکدیگر را به‌عنوان سنجش خودآگاهی در نظر بگیریم.

خودآگاهی دارای سطوح مختلفی است که به نسبت گستردگی فعالیت بخش‌های درگیر در مغز، بروز می‌کنند. ارتباط مستقیمی بین سطح خودآگاهی و وسعت فعالیت بخش‌های مغز وجود دارد.

با اینکه مغز ما در بیشتر اوقات به "غیر خود" متمرکز است و در شرایط خاصی به "خود" متوجه می‌شود اما آگاهی‌های ما از "خود" همواره در حالت آماده‌باش بسر می‌برند تا در صورت نیاز و در کسری از ثانیه مرزبندی‌های ما با "غیر خود" را فعال کنند. توجه مغز در یک آن نمی‌تواند به هر دو باشد و بین

دو حالت، بسته به شرایط و نیاز، در نوسان است.

خودآگاهی، نه یک درک ماورای مغز بلکه کیفیتی است وابسته به حافظه که در "لحظه" ظهور می‌کند.

احساس هویت ما وابسته به درک زمان و مکان نوسان می‌کند.

اصولا درک زمان، خودآگاهی و تصمیم‌گیری را می‌توان سه وجه هم‌بسته از یک شبکه کلی در مغز دانست، و اختلال در هرکدام می‌تواند به دو وجه دیگر آسیب برساند.

ما در هر دوره‌ای از زندگی، تجربیاتی داریم منحصر به آن دوران. با این که در دوران مختلف زندگی، درک و یا احساس متفاوتی از هویت خود داریم اما خودآگاهی به مفهوم کلی، در هر دوره، مهم‌ترین معیار برای تشخیص مرزبندی‌های ما بوده و شاخصی است که به‌طور دائم روابط من و محیط را تعریف می‌کند.

مرزبندی‌ها، معیارهای ضروری ما برای زیستن هستند. مرزبندی‌ها، نه‌تنها مشخص‌کننده دوستی و دشمنی، که معیار بسیاری از روابط بین انسان‌ها بوده و در تمام ابعاد مختلف زندگی ما به‌طور مستقیم نقش دارند.

بدون تفکیک "خود" از "غیر خود"، ما هیچ تشخیص روشنی از "دوست یا دشمن" و "امکان یا خطر" نخواهیم داشت. این درک، در زندان سیاسی، پایه‌های مرزبندی بین زندانی و زندانبان را مشخص می‌کند. زندانی به این مرزبندی نیاز دارد تا بتواند خود را در برابر فشارها حفظ کند و اجازه ندهد تا

زندانبان، مرزها را شکسته و او را خلع سلاح کند.

وجود مرزبندی‌های فرد زندانی، هم برای او مهم است و هم برای زندانبان. به همین دلیل است که احساس هویت زندانی سیاسی، به‌عنوان اساس مرزبندی‌هایش، مورد حمله زندانبان قرار می‌گیرد تا میل و توان مقابله را در او کاهش دهد. زندانی سیاسی را در انزوای سلول انفرادی (و شرایط مشابه) قرار می‌دهد تا ارتباط او را با منبع تغذیه مرزبندی‌هایش، یعنی روابط انسانی، به‌طور کامل قطع کند. هرچند که بعضی از افراد در این‌گونه شرایط، با ایجاد دنیای مجازی، بهتر از دیگران می‌توانند همچنان به ارتباط ذهنی خود با بیرون ادامه داده و احساس هویت و مرزبندی‌هایشان را در محفظه‌ای دور از دسترس زندانبان حفظ کنند. اما نکته‌ای که نباید از خاطر دور داشت این است که مرزبندی بین خود و غیر خود امری است اکتسابی و محصول شرایط زیستی-اجتماعی‌ای است که در افراد مختلف، درک‌های متفاوتی از روابط و تعریف‌های دوست-دشمن ایجاد کرده است. امری که می‌تواند در کیفیت پایداری نقشی اساسی بازی کند.

بخش هفتم: حافظه و الگو

> حافظه، الگوهای مغز را تشکیل می‌دهد و الگوها، پایداری‌های ما را

حافظه که به‌عنوان یکی از مهم‌ترین مکانیسم‌های مدیریتی مغز معرفی می‌شود چیست و چگونه در پایداری‌های زندان سیاسی موثر است؟

حافظه را روان‌شناسی، قابلیت شناخت و بازسازی تجربیات قبلی، و زیست‌شناسی آن را ابزار بهینه‌سازی مدیریت مغز در جهت گسترش قابلیت زیستی موجودات می‌داند. دانشمندانی که بر چگونگی رفتار مغز تحقیق می‌کنند آن را انباشت، طبقه‌بندی و بازیابی هرگونه اطلاعات در مغز می‌دانند، چه آن‌ها که از طریق حسگرهای مختلف ارسال شده و چه آن نوع که از کارکردهای شناختی مغز، حاصل و ذخیره می‌شوند.

حافظه، هر تعریفی که داشته باشد، مجموعه بسیار بزرگی از اطلاعاتی است که در شرایط مختلف زندگی توسط بخش محیطی سیستم عصبی از درون و بیرون جسم ما دریافت و توسط بخش مرکزی (یعنی مغز) ذخیره شده است. این مجموعه بزرگ، مانند رونوشتی از تجارب زیستی ما می‌باشد یعنی تمام چیزهایی که از طریق دیدن، شنیدن، بوییدن، لمس کردن و... از ابتدای زندگی تاکنون کسب کرده و آموخته‌ایم. ارتباط ما با محیط و ادراک ما از خود و از جهان پیرامون بر اساس حافظه بنا شده است، ارتباط و ادراکی که در نحوه

رفتار ما در زندان سیاسی خود را بهخوبی نشان میدهد.

وجود انسانی ما نسبتا به کمیت و کیفیت حافظهای بستگی دارد که در سلولهای مغز خود ذخیره کردهایم. اگر حافظه یک انسان بهطور کامل پاک شود از او چیزی نمیماند بهجز یک موجود نباتی.

چگونگی تشکیل واحدهای حافظه، حذف، تقویت و کارکرد آن بهعنوان یکی از پیچیدهترین فرآیندهای مغز، همچنان ناشناخته مانده است. تا این اندازه گفتهشده که سیگنالهای ارسالی از سوی حسگرهای مختلف درونگر و برونگر، بارهای بیوالکتریکیای هستند که بهسوی مقاصد معینی از مغز روان شده، از مسیرهای متفاوتی عبور کرده و تاثیرات مشخصی در برخی از نورونها بجا میگذارند، به این معنا که منجر به تشکیل پروتئینهایی با کدهای اختصاصی و انحصاری شده و در قسمتی از سلولهای عصبی ذخیره میشوند. شاید بشود این نوع معین و مشخص از پروتئین ایجاد شده را واحد حافظه نامید. پروتئینهای تشکیل شده حافظه (در مدارها و شبکهها) با تحریک مجدد به بازسازی اطلاعات قبلی پرداخته و بهاینترتیب ما بهاصطلاح به یاد میآوریم. ذخیره و بازیابی، دو وجه اصلی در فرآیند حافظه است.

زیربنای حافظه، بر اساس "استخدام سلولی" است که از همان دوران جنینی آغاز میشود. در توضیح "استخدام سلولی" به سادهترین شکل ممکن میتوان چنین گفت: سیستم عصبی، همانطور که پیشتر اشاره شد، مجموعهای از سلولهای مختلف با کارکردهای متفاوت است. ارتباط بین آنها یک ضرورت حیاتی برای فعالیتهای مدیریتی سیستم عصبی و بقای موجودات است بهویژه ارتباط بین حسگرها و نورونها. مغز ما از درون اتاقک تاریک و بیروزن جمجمه

نیاز به دریافت اطلاعات دارد تا بر اساس آن‌ها بتواند نقش مدیریتی خود را اجرا کند و به این دلیل، ارتباط بین قسمت پردازشگر مرکزی و بخش‌های حساس محیطی سیستم عصبی اهمیت خاصی پیدا می‌کند. این ارتباط به‌خودی‌خود وجود نداشته و باید یکی یکی ایجاد و تثبیت شوند. لحظه‌ای که اولین سیگنال از یک حسگر بسوی قسمتی از مغز رفته و می‌تواند با یکی از سلولهای آن ارتباط برقرار کند را "استخدام سلولی" می‌نامند و به این معنا است که آن سلول به استخدام یک حسگر در آمده است. پس‌ازآن بین آن‌ها یک ارتباط دائمی برقرار شده و سیگنال‌ها همواره از سوی یک حسگر به‌سوی سلول مشخصی در مغز رفته و به‌اصطلاح سرگردان نمی‌شود. به‌عنوان نمونه: تا هنگامی‌که در مغز یک جنین و یا کودک تازه متولدشده هنوز هیچ سلول عصبی برای دریافت سیگنال درد استخدام نشده باشد او درد را نمی‌شناسد. با اولین سوزن به بدن، یک حسگر در آن نقطه، سیگنالی را به‌سوی قسمتی از مغز فرستاده و یک سلول عصبی آن را گرفته و در خود ذخیره می‌کند. با این عمل، یک مدار دائمی بین سلول‌های فرستنده و گیرنده ایجاد شده و اولین واحد حافظه مربوط به درد ثبت می‌شود.

مغز جنین در رابطه با موادی که از طریق خون مادر و یا ارتعاشات محیط دریافت می‌کند اطلاعاتی ابتدایی و بنیادین را ذخیره می‌کند، حافظه‌های بنیادینی که گاهی اوقات می‌توانند سلیقه‌های غذایی و حتی برخی از اضطراب‌های آینده او را پی‌ریزی کنند. به همین ترتیب ساختمان ابتدایی مدارهای پاداش و استرس نیز از دوران جنینی آغاز شده و پس از تولد به‌تدریج رشد می‌کنند.

پس از تولد، سیستم عصبی انسان آنچنان ناکامل است که نمی‌تواند

واکنش‌های او در جهت بقا را مدیریت کند. دونالد هب (Donald O. Hebb) روان‌نورولوژیست کانادایی می‌گوید که نوزادان با شبکه عصبی سازمان نایافته‌ای به دنیا می‌آیند که با انباشت حافظه، به‌تدریج سازمان یافته و تکمیل میشود. در واقع، به ترتیبی که ارتباط بین سلول‌ها با یکدیگر برقرار شده و مشخص‌تر می‌شوند سیستم عصبی ما نیز کامل‌تر و پیچیده‌تر می‌شود.

پروسه استخدام سلول‌های عصبی اگرچه از پیش از تولد وجود داشته و به شکل بسیار محدود انجام می‌شود اما چند سال اولیه پس از تولد، دوران بسیار پر سرعت استخدام‌های مُیلیاردی است که امری بسیار مهم و حیاتی برای آینده فرد محسوب می‌شود. سال‌های اولیه زندگی یک فرد از این نظر مهم است که چه مقدار استخدام سلولی و ذخیره‌سازی‌های بنیادی حافظه در مغز او ایجاد می‌شود. کمبود اطلاعات دریافتی در این دوران، به دلیل محدودیت‌های زیستی، باعث می‌شود که میلیاردها سلول‌های مغزی او بدون استفاده مانده و نهایتا از بین بروند، فقط به این دلیل که استخدام نشده‌اند. این یک واقعیت غیرقابل‌انکار است که با مرگ هر سلول استخدام نشده، یک امکان بالقوه زیستی در ما از بین می‌رود.

اگر در دو سه سال اول زندگی ما، که مرحله بنیانی ارتباطات بین سلولی است، مشکلی پیش بیاید مراحل بعدی مدیریت مغز نیز با نقص ادامه خواهند یافت. بسیاری از مهارت‌های زیستی ما ریشه در همین دوران استخدام‌های سلولی داشته و بیشترین تصمیمات و واکنش‌های ما در زندگی، به‌نوعی، تاثیر گرفته از نحوه رشد سیستم عصبی ما می‌باشند. به عبارت روشن‌تر، این‌که در ابتدای زندگی چند میلیارد سلول استخدام شوند و چند میلیارد از بین بروند نقشی بسیار اساسی در زندگی و آینده ما خواهد داشت.

علاوه بر پروسه استخدام سلولی، ارتباطات بین سلول‌های مغز با یکدیگر (یعنی تشکیل مدارها) خودیک نیاز حیاتی است. تشکیل مدارها به دلیل هم‌زمانی تحریک سلول‌ها انجام می‌شود. بنا بر اصل "همگراییِ هم‌زمان" که توسط دونالد هب ارائه شد، دو سلول، (مدار و یا شبکه) که هم‌زمان و به‌طور مکرر فعال شوند، میل به فعالیت هماهنگ با یکدیگر در آن‌ها تقویت شده و یک مجموعه مرتبط و هماهنگ اجرایی را تشکیل می‌دهند. فعالیت هم‌زمان و هماهنگ سلول‌ها را در عبارت مشهور دونالد هب می‌توان یافت (Hire together, Wire together, Fire together) که می‌گوید سلول‌ها به‌طور هم‌زمان استخدام می‌شوند، به هم مرتبط شده و به‌طور هم‌زمان آغاز به کار می‌کنند. البته ارتباط سلول‌ها با یکدیگر و تشکیل مدار، شاید چیزی بیشتر از میل به فعالیت هماهنگ و درواقع یک نیاز حیاتی سلول برای بقا باشد زیرا هیچ‌کدام از سلول‌های مغز به‌تنهایی نمی‌توانند برای مدت زیادی زنده بمانند. سلول‌ها برای زنده ماندن و تغذیه، نیازمند به داشتن ارتباط و تشکیل مدار هستند.

استخدام‌های سلولی، ارتباط سلول‌های مغز با یکدیگر، تشکیل مدارها و شبکه‌ها و رشد سیناپسها، دندریت‌ها و اکسونها باعث می‌شوند که اندازه مغز انسان در دو–سه سال پس از تولد تقریبا سه برابر شود. در این مدت، ارتباط‌گیری و وصل شدن سلول‌ها به یکدیگر با سرعت بسیار بالایی رخ می دهد. ما با هر مهارتی که یاد می‌گیریم و هر چیزی که می‌آموزیم اطلاعاتی در مغز خود ثبت می‌کنیم و ارتباطات سیناپسی جدیدی در مغزمان ایجاد می‌شود. گفته می‌شود که هر نورون به‌طورمعمول، قابلیت ایجاد بیش از ۱۰۰۰۰ ارتباط سیناپسی با سلول‌های دیگر را دارد.

سیستم عصبی جنین و نوزاد که در ابتدا بیشتر به‌نوعی حافظه کارکردی

(Implicit) متکی است که واکنش‌های غیرارادی و آنی او را سبب می‌شود، با افزایش ارتباطات سیناپسی و رشد حافظه، این امکان را می‌یابد که در واکنش‌های خود از اطلاعات ذخیره شده‌ای استفاده کند که به آن‌ها حافظه درازمدت گفته می‌شود.

حافظه برای ذخیره شدن احتیاج دارد مراحلی را طی کند تا تثبیت شود. گفته می‌شود که حافظه‌های ما در هنگام خواب پالایش و تثبیت (Memory Consolidation) می‌شوند اما چگونگی این مراحل همچنان ناشناخته مانده است.[۱] با این همه میدانیم دو پارامتر مهمی که در تثبیت حافظه نقش دارند یکی فعال بودن "مراکز توجه"[۲] و دیگری اتصال مدار جدید به مدارهای تثبیت شده قبلی است. ازآنجایی‌که مدارهای حافظه در ابتدای تشکیل ضعیف بوده و پس از مدت کوتاهی از بین می‌روند، در صورت تکرار (یعنی دریافت مکرر بار الکتریکی) و یا با اتصال به مدارهای دیگر می‌توانند شارژ و تثبیت شوند. به زبان

---

[۱] به نظر می‌آید که تعداد اعضا و مقدار بار الکتریکی مدارهای حافظه که بر اساس قانون ظروف مرتبطه، بار الکتریکی را در تمام اعضا بطور یکسان توزیع می‌کند در تثبیت حافظه نقش داشته باشند. یاد آوری نیز احتمالا بر همین اساس است که با تحریک یک عضو، تناسب الکتریکی مدار به هم خورده و نیاز است که بار اضافه‌شده دوباره به تمام اعضا توزیع شود. این امر به بازیابی حافظه می‌انجامد.

[۲] در مورد اینکه مدارهای توجه چگونه کار می‌کنند و یا در چه بخشی از مغز قرار دارند اطلاعات زیادی در دست نیست. به نظر می‌آید که بسته به نوع تمرکز، جای آن در قسمتهای مختلف مغز متفاوت باشد، از لیمبیک سیستم گرفته تا بخشهای مختلف نیوکورتکس. با این همه مکانیسم توجه در همه حالات تقریبا بطور مشابه عمل می‌کند: یعنی عدم دریافت و ارسال سیگنال توسط حسگرها و یا خاموش کردن اطلاعات غیرلازم جانبی در مغز و اختصاص بیشترین انرژی به مداری که در رابطه با موضوع خاصی فعال است.

ساده، بدون توجه و تکرار، چیزی یاد نمی‌گیریم. هر چیز که توجه ما را بیشتر جلب کند امکان به خاطر سپردن‌اش را بیشتر می‌کند.

با این که توجه و تمرکز باعث می‌شود مغز ما اطلاعات دریافتی را جدی گرفته و بطور مشخص‌تری ذخیره کند اما تشکیل حافظه امری است خودکار که همواره در حال ثبت اطلاعات جدید و یا تجدید کردن اطلاعات قدیمی تر است چه ما نسبت به پروسه آن آگاه باشیم و چه نباشیم.

در مسیر زندگی و همراه با افزایش حافظه، بخش‌های مختلف مغز، به تناسب نیاز و شرایط زیستی رشد کرده و دارای روابط پیچیده‌تری می‌شوند. این روابط پیچیده در مدارها و شبکه‌های قسمت‌های مختلف مغز هستند که توانایی‌های جسمی و مهارت‌های ذهنی از قبیل یادگیری، یادآوری، شناخت، زبان، تفکر، تخیل و... را ایجاد کرده و فرد را نسبت به انجام چیزی توانا می کنند. اگرچه مراحل متفاوت رشد مغز بر اساس دستورهای ژنتیک برنامه‌ریزی می‌شوند اما شرایط زیستی در سال‌های اولیه زندگی با دخالت در پروسه استخدام سلولی و چگونگی تشکیل مدارها و کیفیت حافظه، مغز را به برخی امکانات و توانایی‌ها مجهز کرده و یا از آن‌ها محروم می‌کند.

واقعیت تاسف‌بار این است که شرایط و امکانات موجود برای همه افراد به اندازه کافی نبوده و اغلب نمی‌تواند پاسخگوی همه نیازهای آن‌ها باشد. یک شروع بد در زندگی می‌تواند به رشد مغزی آن‌ها آسیب‌هایی مشهود و نامشهود وارد کند. جنین‌هایی که مادرانشان از کمبود مواد معدنی و ویتامین‌ها و مواد غذایی لازم (مانند اسیدفولیک که نقش مهمی در ساختمان سیستم عصبی دارد) رنج می‌برند، به انسان‌هایی تبدیل می‌شوند با توانایی‌های مدیریتی پایین. یافته‌های مختلف ثابت می‌کنند که تغذیه بد، شرایط زیستی نامناسب، تجربیات

آسیب‌زننده و آموزش ناکافی در دوران اولیه، هرکدام به‌نوعی، می‌توانند در توانایی‌های آینده مغز نقش بسیار اساسی داشته باشند.

شبکه حافظه، همراه با ما رشد کرده، بزرگ‌تر و پیچیده‌تر شده، و با مجموعه‌ای از تجربیات زیستی ما که در درون خود حمل می‌کند نه‌تنها مسیرِ گذشته را نشان می‌دهد بلکه تا حدودی نحوه پیمودن مسیر آینده ما را مشخص می‌کند. نکته بسیار مهم این است که در مسیر زندگی، همه قسمت‌های مغز به یک اندازه رشد نمی‌کنند و بنا بر شرایط زیستی هر فرد، قسمت‌هایی از مغز او دارای انباشت بیشتری از حافظه شده و می‌تواند تسلط بیشتری بر رفتار وی داشته باشد.

انباشت حافظه مربوط به خطر و استرس در قسمت‌هایی مانند آمیگدالا، باعث بزرگ‌تر شدن آن قسمت‌ها شده و همین مساله باعث می‌شود که نقش آن‌ها در تصمیم‌گیری‌ها و رفتار ما پررنگ‌تر باشد. با بررسی کسانی که اضطراب‌های شدید و یا فوبیاهای مختلف دارند روشن شده است که آن‌ها دارای حساسیت بیشتری نسبت به خطرهای احتمالی بوده و مواردی را به‌عنوان خطر پیش‌بینی می‌کنند که در نظر دیگران بسیار عادی جلوه می‌کند. علت این است که این افراد اطلاعات فراوانی به‌عنوان خطر در حافظه خود ذخیره کرده‌اند.

حافظه، بسته به اهمیت، تکرار و شدت آن، معمولا از ارتباط مدارهای گوناگون قسمت‌های مختلف مغز ایجاد میشود. می‌توان گفت که هر چه یک رخداد، مدارهای بیشتری از مغز را درگیر کند ماندگاری بیشتری خواهد داشت. شرایط غیرعادی‌ای مانند زندان و شکنجه و درگیر بودن با مسائل حیاتی مرگ و زندگی، خاطره‌هایی در مغز افراد ایجاد می‌کنند که نه‌تنها هیچ‌گاه فراموش

نشده بلکه با کمترین بهانه‌ای میل به تکرار شدن در آن‌ها تقویت می‌شود. این‌گونه خاطرات مهم، هر شب در مراحل خواب عمیق مورد بازبینی و بازسازی قرار گرفته و شارژ می‌شوند. خاطرات زندان و شکنجه، از نوع حافظه‌های بسیار مهم حیاتی هستند که با اثر شوک‌آور شدیدی که در مغز ایجاد کرده‌اند دارای دوام بیشتری می‌شوند.

اما باید دانست که ذخیره شدن این‌گونه خاطره‌ها، برای اذیت شدن و آزار دیدن نیست زیرا مغز دارای مکانیسم مختل‌کننده توانایی زیستی خود نبوده بلکه برعکس با ایجاد چنین حافظه‌هایی قصد شناسایی سریع‌تر خطرات و واکنش مناسب و فوری را دارد. علت اصلی ثبت تمام اطلاعات موجود در مغز، افزایش توانایی مغز در مدیریت است و بس. ما دردها، لذت‌ها، مهارت‌ها و به‌طورکلی هر چیزی را فقط به این دلیل به خاطر می‌سپاریم تا از آن‌ها به‌عنوان الگوهای مقایسه و شناخت استفاده کنیم. در غیر این صورت دلیلی برای وجود حافظه در مغز نمی‌بود. هر عامل ترس و استرس، و یا شادی و لذت، در گوشه‌ای از مغز ثبت می‌شوند تا اصلی‌ترین فاکتور در تصمیم‌گیری‌ها و واکنش‌های ما باشند و ما بر اساس آن‌ها از چیزی گریخته و یا بسویش جذب شویم.

هر تغییری در حافظه، نه‌تنها بخشی از شخصیت ما بلکه روابط اجتماعی ما را نیز دگرگون می‌کند، امری که به‌نوبه خود در نحوه تصمیم‌گیری و واکنش‌های ما نمودی مشخص پیدا می‌کند.

اگر به نقش حافظه در کلیه رفتارهای انسان‌ها پی ببریم درخواهیم یافت که چگونگی پایداری افراد در شرایط زندان و شکنجه، به‌طور مستقیم به کیفیت حافظه آن‌ها مربوط می‌شود. واکنش‌های افراد در اجتماع و یا در مقابله با

شکنجه‌های زندان، از هر نوع که باشد، به‌گونه‌ای ادامه روندی است که آن‌ها از ابتدای تولد تاکنون طی و در مغز خود ثبت کرده‌اند. اطلاعات حافظه مهم‌ترین مرجع اطلاعاتی مغز به هنگام تصمیم‌گیری و بررسی گزینه‌های مختلف است.

با این حال نباید مغز به‌عنوان انبار بزرگی تصور شود که در هر گوشه آن حافظه‌ای ذخیره شده است. حافظه، یک شبکه واحد و یکپارچه‌ای است که همواره در حال تغییر و تجدید شدن است. شبکه حافظه، ارتباطات خاصی بین قسمت‌های مختلف مغز برقرار کرده و الگوهایی تشکیل می‌دهد که باورها، عادات، تصمیم‌گیری‌ها و رفتار واکنشی ما را می‌سازند و باید دانست که بدون شبکه بزرگ حافظه، هیچ الگویی در مغز تشکیل نخواهد شد.

الگوهای مغز

مجله پزشکی بریتانیا در سال ۱۹۹۵ در گزارشی منتشر کرد که پای یک کارگر ساختمانی بنام "جاشوا دبلیو پات" بر روی یک میخ بلند رفته به‌طوری‌که آن میخ از کفشش عبور کرده و بیرون زده بود. شدت درد در او به‌قدری بود که هر حرکتی را برایش غیرقابل‌تحمل می‌کرد. وقتی‌که کفش او را بریده و درآوردند فهمیدند که میخ اصلا به پایش برخورد نکرده است. در آن هنگام پرسیده شد که اگر پای این شخص اصلا آسیب ندیده پس چه چیزی باعث احساس چنان درد شدیدی در او شده بود؟

انتشار این رخداد از دو نظر مهم بود: یکی این که نشان می‌داد علت احساس درد ممکن است اصلا آسیب جسمی نباشد، و نکته دیگر اینکه باورهای می‌توانند رفتار ما را کنترل کنند.

آیا یک تجربه یا باور می‌تواند آن‌چنان دردی در ما ایجاد کند که حتی قادر به حرکت نباشیم؟

در ابتدا باید پرسید که باور چیست و چگونه ساخته می‌شود؟

در تعریف‌ها گفته شده که باور، نوعی پذیرش است فارغ از این که دلیلی برای آن داشته باشیم یا نه؛ چیزی است که می‌پذیریم و منطبق بر آن عمل می‌کنیم. باورها در نتیجه آموخته‌ها و تجربیاتی است که در طول زندگی در مغز خود گرد آورده و در حفظ آنها می‌کوشیم. در حفظ باورهایمان می‌کوشیم زیرا آن‌ها بسته‌های الگویی مغز ما هستند.

برخی از دانشمندان و محققان، مغز را ماشین الگوسازی (Pattern-Making Machine) نامیده و حتی بقای ما را وابسته به وجود این مکانیسم می‌دانند. آن ها می‌گویند که مغز ما همه چیز را تبدیل به الگو می‌کند، از یک اسم گرفته تا مفاهیم کلی‌تر اجتماعی.

نکته‌ای که باید توجه داشت این است که الگو، حافظه نیست، بلکه نحوه ترکیب واحدهای حافظه با یکدیگر است؛ سازوکار و یا فرمی است که بر اساس آن مدارهای مغز تشکیل می‌شوند. الگو، واحد سامان‌یافته و یا جمله‌بندی اطلاعات به زبانی است که مغز می‌فهمد، و هر جمله آن، خصوصیات ساختاری و معنایی خاص خود را دارد. زبان الگویی، اطلاعات دریافتی را به فرمی تبدیل می‌کند که ذخیره، طبقه‌بندی و بازیابی آن‌ها آسانتر، کم‌هزینه‌تر و سریع‌تر انجام شود. بنابراین می‌توان گفت که مکانیسم الگوسازی مغز باعث "صرفه‌جویی در انرژی"، "سرعت در واکنش"، و "افزایش قابلیت شناخت" می

شود.[1]

مغز ما اگرچه برای شناخت ساخته نشده اما یگانه ابزاری است که در اختیار داریم و در این مسیر، مکانیسم الگویی بیشترین کمک را می‌کند. ما در شرایطی قرار داریم که به‌طور دائم در حال تغییر است. مغز ما نیز به این دلیل، اطلاعات را به همان حالتی که هستند ذخیره نمی‌کند زیرا می‌داند چیزی که الان تجربه می‌کنیم دوباره دقیقا به همین صورت تکرار نخواهد شد. بنابراین مغز ما از اطلاعات دریافتی، الگوهایی کلی استخراج می‌کند که قابل‌تعمیم به شرایط مشابه بوده و قابلیت تشخیص نمونه‌های جدید را داشته باشد. مکانیسم الگوسازی، ما را قادر می‌سازد تا شرایط مشابه (و نه دقیقا آنچه که قبلا تجربه کرده‌ایم) را تشخیص داده و اقدام به واکنش‌های سریع و کم‌هزینه کنیم.

اگر گفته می‌شود که ما بدون مکانیسم الگوسازی مغز قادر به فهم و درک محیط نخواهیم بود منظور این است که ما فقط آن نوع الگوهای محیط را می شناسیم که نمونه‌هایشان را در مغز خود داریم. ما نسبت به چیزهایی واکنش نشان می‌دهیم که با الگوهای موجود در مغز ما جور و هماهنگ باشند. اگر الگویی وجود نمی‌داشت، مغز ما یا اصلا واکنش نشان نمی‌داد و یا اینکه با واکنش به همه چیز، تمام انرژی موجود در بدن را از بین می‌برد. بنابراین می توان گفت زبان الگویی زبانی است که در برخورد با الگوهای آشنا امکان توجه، تشخیص و برگزیدن را فراهم می‌آورد.

با هر شناخت الگوهایی در مغز ما ایجاد می‌شوند. الگوها پاسخ‌های ما به

---

[1] گفته می‌شود که پروسه الگوسازی به مرکزی بنام (basal Ganglia) بویژه منطقه دورسال (dorsal striatum) بستگی دارد که به کمک انتشار دوپامین باعث تشکیل الگوهای متفاوت می‌شود.

موارد روزمره زندگی را روشن می‌کنند و چه فردی باشند چه اجتماعی، در کلیه رفتارهای ما تکرار می‌شوند. ما به کمک معیارهای الگویی قادر به درک بسیاری از روابط اجتماعی خود می‌شویم، از رانندگی کردن گرفته تا درک و تفسیر تغییرات در حرکات بدن دیگران (Body language).

الگوسازی و تکرار به پروسه "اتوماتیک‌شدن" می انجامد، پروسه‌ای که باورها و عادت‌های ما را می‌سازد.[1]

هر فعالیت مغز نیاز به انرژی بالایی دارد، از این رو برای کاهش مصرف، با هر بار تکرار، بخشی از آن آن عملکرد را به حالت خودکار تبدیل می‌کند. با این روش بخشی از مدیریت مغز به‌طور خودکار انجام می‌شود بی‌آنکه نیازی به توجه کامل و یا تصمیم‌گیری، سازمان‌دهی و مدیریت دوباره آن‌ها باشد. این روش به‌طور قابل‌ملاحظه‌ای از مصرف انرژی کاسته و به قسمت‌های دیگر مغز نیز فرصت فعالیت بهتری می‌دهد.

عادت‌ها، الگوهای رفتاری و باورها، الگوهای شناختی ما هستند که نه‌تنها اساس و پایه بیشتر تصمیم‌ها و واکنش‌های ما بوده بلکه، به‌نوعی، هویت و شخصیت ما را نیز بیان می‌کنند.

ما بر اساس الگوهای باور، برای هر چیزی، از اشیای مختلف گرفته تا خودمان و افراد دور و بر تعیین ارزش می‌کنیم و آن‌ها را به اصطلاح تعریف می

---

[1] اگرچه که تکرار، یکی از شروط لازم برای الگوسازی است اما علاوه بر تکرار، به ثبات و وضوح اطلاعاتی که دریافت می‌کنیم نیز نیاز داریم. ترکیب اطلاعات حسگرهای مختلف با یکدیگر در مغز، دقیقا به همین منظور است. مغز ما اطلاعات بینایی، بویایی، لامسه و چشایی از "سیب" را با یکدیگر ترکیب می‌کند تا بتواند الگوی روشن و دقیقی از آن بسازد.

کنیم تا بتوانیم روابط خود را سازمان دهیم.

باور، قدرتی دارد که تاثیراتش فراتر از رفتار و واکنشهای ما بوده و می‌تواند حتی تغییراتی در ساختار بخش‌هایی از مغز و در نحوه مدیریت آن ایجاد کند. برای پی بردن به قدرت باور می‌توان به تاثیرات درمان‌نماها بر انسان (Placebo Effects) اشاره کرد. درمان‌نماها دارو و درمان نبوده اما به اشکال مختلف قرص، کپسول، محلول و یا حتی شبیه‌سازی عمل جراحی، باعث تغییرات در جسم و روان افرادی می‌شوند که باور دارند داروهایی که مصرف می‌کنند واقعی و مؤثر هستند و همین امر باعث اصلاحاتی در نحوه مدیریت مغز بر بدن آن‌ها شده و روند درمان آغاز می‌شود. هر چه باور افراد به تاثیرات داروهای واقعی بیشتر باشد درمان‌نماها نیز تاثیرات قوی‌تری بر آن‌ها خواهند گذاشت.

باورها، الگوهای خودکاری هستند که نقش بسیار زیادی در واکنش‌های روزانه ما داشته و همواره در حال تعریف کردن مرزها و محدودیت‌های ما می باشند. اگر باور من به این که "می‌توانم" و یا "نمی‌توانم" تغییر کند بسیاری از تصاویر ذهنی و انتظارات من نیز تغییر کرده و در نتیجه تصمیم‌ها و واکنش‌های من به‌گونه‌ای دیگر خواهند بود.

در یک آزمایش، تعداد زیادی حشره کک را درون شیشه مربا می‌اندازند. کک‌ها قدرت پرش بالایی دارند و با یک جهش به‌آسانی می‌توانند از شیشه مربا به بیرون پریده و خود را رها کنند. با بسته شدن دهانه شیشه، آن‌ها بارها و بارها برای رهایی خود تلاش می‌کنند و نمی‌توانند. پس از چند روز که دهانه شیشه مربا باز می‌شود کک‌ها فقط تا دهانه شیشه قادر به پرش هستند و نه

بیشتر. تجربیات پرش و تکرار آزمون‌وخطا در چند روز گذشته، آن‌ها را به این باور رسانیده که سطح پرش فقط تا همان محدوده دهانه شیشه است. این آموخته و تجربه نه تنها به‌عنوان یک الگوی باور در مغز ککها تثبیت شد بلکه به فرزندان آن‌ها نیز منتقل شده و ککهای جدید نیز دارای همین باور از سطح پرش خود شده بودند.

باورها را می‌توان به روشهای مختلف به دیگران منتقل کرد. در ککهای آزمایش بالا، این انتقال احتمالا به‌واسطه سلول‌های آینه‌ای انجام شده‌اند. در انسان‌ها اما این‌گونه انتقال‌ها بیشتر از طریق زبان و فرهنگ و قراردادهای مختلف اجتماعی، و یا به گفته ریچارد داوکینز (Richard Dawkins) از طریق مم‌ها (meme)، انجام می‌شوند.

الگوهای باور بسته‌های اطلاعاتی‌ای هستند که در روابط مختلف اجتماعی ردوبدل شده و معیارهای مهم سنجش و قضاوت ما را می‌سازند.

باورها با تاثیرات اپی‌ژنتیک باعث تغییر در بیان ژن‌ها و کارکرد سلول‌ها می‌شوند. این را بروس لیپتون بیولوژیست آمریکایی می‌گوید و معتقد است که با تغییر باورهایتان، نحوه فعالیت ژن‌های شما نیز تغییر می‌کند.

این نکته کلیدی را هیچ‌گاه نباید از نظر دور داشت که محتویات مغز، به‌ویژه باورها و احساسات ما بر کارکرد تمام اجزای بدن تاثیر گذاشته و از مهم‌ترین علت‌های تغییرات اپیژنتیکی می‌باشند.

باور، مجموعه اطلاعات حافظه است و حافظه، مادیتی است در سلول‌های مغز. هر تغییر در باور به معنای تغییری در ساختار سلول‌ها و تحریک مدارهایی در مغز است.

باورها، انعکاس درونی و بیرونی تصویرهایی است که از خود و هویت اجتماعی خود داریم و به این دلیل به‌طور مشخصی بر کیفیت زندگی خصوصی و روابط اجتماعی ما نقش اصلی را بازی می‌کنند. مغز ما می‌داند که اگر الگوهای باور، به‌عنوان معیارهای شناخت، حضور نداشته باشند عبور از تردیدها به هنگام تصمیم و واکنش، انرژی بسیار زیادی می‌طلبد. الگوهایی که در طول زندگی در مغز افراد ایجاد می‌شوند می‌توانند مفهوم خوب و بد را نزد هر کس به شکل متفاوتی بیان کنند. بر اساس باورهایمان است که به‌سوی چیزی یا کسی می‌رویم و یا از آن‌ها دور می‌شویم. همسایه سمت چپ را دوست و همسایه سمت راست را دشمن می‌دانیم و به هنگام برخورد با آن‌ها، واکنش‌هایی بر آن اساس از خود نشان می‌دهیم.

الگوهای باور از مهم‌ترین عوامل مرزبندی‌های زندانیان سیاسی است که نقش مهمی در پایداری آن‌ها بازی می‌کنند. تغییر در باورها منجر به تغییراتی در بینش و رفتار افراد شده و می‌تواند آن‌ها را از یک‌سوی میله‌های زندان به‌سوی دیگر کشانده و زندانی را به عامل زندانبان تبدیل کند. به همین دلیل، تغییر باورهای زندانیان از اهدافی است که زندانبان با اجرای روش‌های مختلف شکنجه و مغزشویی دنبال می‌کند.

بااین‌همه به نظر می‌آید که همه افراد به یک اندازه به الگوهای باور خود نمی‌چسبند، یا به عبارت دقیق‌تر، الگوهای ذهنی برخی از افراد که دارای ثبات و قدرت کافی نبوده زودتر تغییر می‌کنند.

مغز ما برای پیش‌بینی و آمادگی نسبت به شرایط مختلف نیازمند به داشتن الگوهای مشخص و باثبات است. ثبات در شرایط، اجازه ساخت و ثبات الگویی می‌دهد زیرا امکان تکرار را فراهم می‌آورد.

ایجاد و تثبیت الگوهای قوی و مانا نیاز به موقعیت‌های اجتماعی باثبات، شرایط اجتماعی مشخص و هویت اجتماعی قابل تعریف و روشنی دارد که بتوانند بطور مرتب آنها را تغذیه کنند. کسی که در شرایط بی‌ثبات رشد کرده باشد معمولا نمی‌تواند الگوهای باثبات داشته باشد.

خانواده، معمولا، نخستین حلقه اجتماعی باثبات است که باورهای بنیادین را در مغز ما حک می‌کند. بیشترین الگوهای بنیادین در دوران کودکی و بخشی دیگر در دوران مختلف زندگی به‌ویژه در نوجوانی و جوانی ساخته و سپس به‌طور مرتب تکرار و تقویت شده و به‌عنوان لنگرهایی در جهت حفظ و تثبیت الگوهای بعدی مورد استفاده قرار می‌گیرند.[۱]

مرحله کودکی را اگر دوران شکل‌گیری الگوهایی بدانیم که هویت فردی ما را می‌سازند، دوران بلوغ را می‌توان، به‌نوعی، مرحله‌ای دانست که انسان به کشف الگوهای هویت اجتماعی‌اش می‌رسد. از این رو برخی از جوانان جذب جمع و گروه خاصی می‌شوند تا به کمک آن‌ها سریع‌تر به الگوهای موردنیاز خود رسیده و یا الگوهای موجود را بازسازی کنند.

باور به یک مکتب و یا ایدئولوژی، به بعضی از افراد الگوهای جدیدی می‌دهد که به آن‌ها امید، انگیزه و روحیه تازه‌ای می‌بخشد. ایده‌های جدید به

---

[۱] گفته می‌شود که هر گروه الگویی جای مشخصی در مغز دارند: به‌عنوان‌مثال گفته می‌شود که الگوهایی که به کار تشخیص اشیا می‌آیند در قسمتی به نام (Perirhinal Cortex) ذخیره می‌شوند، الگوهای بینایی در قسمت‌های مختلفی مثل (Occipital Lobe) و (Visual Cortex)، الگوهای تعادل و هماهنگی اعضای بدن در (Cerebellum) و... همچنین ادعا می‌شود که الگوهای واکنش‌های خودکار در قسمت‌های پایه‌ای و میانی مغز و الگوهای مربوط به رفتار اجتماعی عمدتا در بخش‌های نیوکورتکس ایجاد می‌شوند.

آن‌ها پاسخ‌های کلیدی می‌دهد. پاسخ‌های کلیدی تبدیل به الگوهای بنیادینی می‌شوند که از آن‌پس می‌توانند در بیشتر تصمیم‌گیری‌های او نقش بسیار مهمی بازی کنند. ترکیب الگوهای گروهی، فرهنگی و اجتماعی با سیستم باور افراد می‌تواند به آن‌چنان قدرتی تبدیل شود که یک فرد، خود را به‌گونه‌ای دیگر تعریف کرده و نقش اجتماعی خاصی (عینی و یا ذهنی) برای خود تعیین کند. الگوهای مختلف هویت ما را ساخته و رفتارهای ما ابعاد گوناگون این هویت را بیان می‌کنند.

الگوهای قوی و باثبات، زیرساخت‌های شناخت و بینش‌های ما بوده و به‌عنوان معیار در بسیاری از روابط پیچیده زندگی مورد استفاده قرار می‌گیرند. بیشتر انسان‌ها الگوهای بنیادین ساخته شده در این دوران را تا آخر عمر حفظ و از آن‌ها به‌مثابه اصلی‌ترین هویت خود پاسداری کرده و با هر نوع انتقاد و چالشی نسبت به آن‌ها مقابله می‌کنند.

مغز ما تمایل دارد به باورهایی که به‌زحمت و در طول زمان تشکیل یافته بچسبد و در جهت حفظ و نگهداری آن‌ها بکوشد. ما نسبت به مواردی که باورهایمان را به چالش می‌کشند حساس شده، در موضع دفاعی قرار گرفته و با آن‌ها برخورد می‌کنیم، زیرا در صورت رد باورهایمان، نیازمند به ساختن الگوهای جدیدی خواهیم شد و این به معنای صرف وقت و انرژی و همچنین مدتی سرگردانی و بلاتکلیفی است.

لیون فستینگر (Leon Festinger) که در رابطه با ناهماهنگی‌های بین "باور" و "رفتار" و تاثیرات منفی آن در افراد، تحقیقاتی داشته می‌گوید که باورهای من و باورهای شخص مقابل، دو شناخت متناقض یکدیگر است و ما نمی‌توانیم در یک لحظه به دو باور متناقض تمرکز کرده و بیندیشیم. بنابراین باورهای

ناشناخته و جدید را نپذیرفته رها میکنیم.

اما واقعیت این است که ما به الگوهای ذهنی و رفتاری انحصاری خود می
چسبیم زیرا آنها را در طول زندگی خود و با آزمون و خطاهای تجربی بهدست
آوردهایم. ما نسبت به الگوهای بنیادین حساسیت بیشتری داشته و احساس
میکنیم که با نفی آنها هویت فردی و اجتماعی خود را از دست خواهیم داد.

الگوها کلیدهای ما و مهمترین منابع مشکلگشاییها، تصمیمگیریها و
پیشبینیها در مغز هستند.

در فعالیتهای روزانه، ما مجبور به تصمیمگیریهای فراوانی میشویم. در
برخورد با هر مشکلی نیاز به تصمیم و واکنش مناسب است. اگر قبلا شبیه این
مشکلات را حل کرده و الگوی آن را در مغز خود ذخیره داشته باشیم، اینک بر
اساس همان الگو به حل مشکل مشابه میپردازیم و به این دلیل ما کمتر
متوجه اینگونه تصمیمگیریها و فعالیتهای مغز خود میشویم.

ازاینرو ما در شرایط و محیط آشنا مشکل چندانی نداشته و با صرف انرژی
مناسب قادر به گذراندن امور میشویم ولی در مواجهه با شرایط و چیزهای
جدیدی که مشابه الگویی ندارند دچار دردسر میشویم زیرا الگوهای موجود
پاسخگوی شرایط جدید نمیباشند.

آسیبپذیری کودکان و نوجوانان به این دلیل است که بسیاری از مناسبات
اجتماعی برایشان جدید بوده و آنها هنوز دارای الگوبندهای مناسبی نیستند
تا به کمک آنها قادر به تفسیر و تعریف روشنی از روابط شوند.

برای شناخت چیزهای ناشناخته و یا فهمیدن روابط جدید و اینکه چه
رفتاری باید نسبت به وضعیت جدید و ناآشنا داشت، انرژی فراوانی صرف می

کنیم. با ورود به محیط جدید و یا گروه‌های اجتماعی متفاوت، مغز در ابتدا و تا زمانی که به الگوی مناسب دست نیافته دچار آشوب و بی‌قراری می‌شود.

برای یافتن الگوی مناسب، مغز ما با سرعت حیرت‌انگیزی بسیاری از الگوهای موجود در قسمت‌های مختلف را مورد بررسی قرار داده تا بتواند از آن‌ها چیزی برای پاسخگویی به شرایط جدید پیدا کند. (صفت "مناسب" برای الگوی جدید به معنای درست‌ترین و منطقی‌ترین ترکیب الگویی نیست بلکه چیزی است که مغز ما آن را کافی دانسته و با پذیرش آن به آرامش می‌رسد.)

بی‌قراری‌های سلول‌های مغز تا زمانی که به الگوی مناسب نرسند ادامه خواهند یافت. اما هنگامی‌که الگوی جدید ساخته شد آشوب پیش آمده به‌تدریج فروکش کرده و مغز آرام می‌گیرد. این آرامش به معنای این است که تصمیمی گرفته شده و واکنشی بر اساس الگوی جدید انجام شده و یا خواهد شد.

علت اصلی تصمیم‌گیری‌های مغز هم همین احساس بی‌قراری‌هاست.

روند ساده شده به این شکل است: با تغییر شرایط، مغز، بی‌قرار می‌شود، الگویی می یابد و دوباره به ثبات می‌رسد. زندگی ما مجموعه‌ای از این نوسانات "بی‌قراری و ثبات" است.

ثبات و آرامش پس از هر گزینش است که باعث می‌شود ما، حتی در صورت تصمیم اشتباه، تمایل چندانی به تجدیدنظر نداشته باشیم. علت چسبیدن به تصمیم‌های غلط، تمایل ما به ماندن در ثبات و آرامش پس از تصمیم و درنغلطیدن به بی‌قراری‌ها است. مغز به این الگوهای آرامش‌بخش می‌چسبد و از آن‌ها باورها و عادت‌های ما را می‌سازد. تصمیمی که مغز، با توجه

به قابلیت‌های فیزیولوژیک و دانش و آگاهی و تجربیات گذشته اتخاذ می‌کند همچنان تا زمانی که شرایط دیگری پیش نیامده و نیاز به تصمیم‌های جدیدتر احساس نشود، به‌عنوان الگوهای مناسب باقی می‌مانند.

با ورود به زندان نیز ساختار الگوهای قدیم به هم می‌ریزد و مغز در تکاپو می‌افتد تا با درک مناسبات موجود، الگوهای جدید خود را بسازد. هرچه الگوهای بیشتری در حافظه مغز وجود داشته باشد آن شخص توانایی تشخیص بهتری از اشیا و روابط محیط داشته و در نتیجه، در شرایط جدید، با سرعت بیشتری می‌تواند به ساخت الگوهای مناسب بپردازد.

کلیه اطلاعات، آموزش‌ها، مهارت‌ها و تجربیات پیش از زندان، خود را در زندان نشان خواهند داد.

درکی که زندانی از شرایط جدید پیدا می‌کند و موقعیت و هویتی که برای خود در این شرایط جدید تعریف می‌کند می‌تواند در کیفیت پایداری او مؤثر باشد.

ساخته‌شدن الگوهای جدید، روندی تصادفی نیست و بسیاری از پارامترهای ذاتی و اکتسابی، به‌طور مستقیم و غیرمستقیم در آن نقش دارند. ترس، اضطراب و یا هرگونه احساس ناامنی و خطر، الگوهایی هستند که در پیش‌بینی‌های مغز، بررسی اطلاعات دریافتی و یا تشکیل الگوهای جدید مورد استفاده قرار می‌گیرند.

توانایی ساخت الگوهای جدید و کیفیت آن‌ها، در هر فرد، روندی کاملا اختصاصی داشته و می‌توان گفت که الگوهای هیچ‌کس شبیه به الگوهای فرد دیگری نمی‌تواند باشد. حتی می‌توان گفت که تفاوت انسان‌ها در

تصمیم‌گیری‌ها و واکنش‌ها نسبت به شرایط مشخص، از تفاوت ساختاری و کیفی الگوهای آن‌ها برمی‌آید. ازآنجایی‌که مغز هر فرد به سبک خود الگوسازی می‌کند و تجربیات زیستی انسان‌ها متفاوت است، نحوه الگوبندی‌های آن‌ها نیز با یکدیگر فرق می‌کند. هرکدام از افراد معروف به خوش‌بین و بدبین و یا برونگرا و درون‌گرا، نه‌تنها دارای الگوهای متفاوت بوده بلکه سرعت و توان الگوسازی‌شان با یکدیگر فرق می‌کند و در نتیجه در مقابله با شرایط جدید، رفتار متفاوتی از خود بروز می‌دهند.

مایکل میچلکو (Michael Michalko) که تحقیقات و کتاب‌هایی در رابطه با خلاقیت مغز دارد ضریب هوشی و حافظه افراد را در رابطه مستقیم با توانایی الگوسازی آن‌ها دانسته و منشأ اصلی تفاوت افراد برای جستجو و حل مشکل را در تفاوت الگوهای مغز آن‌ها می‌داند.

کاهش توانایی الگوسازی به معنای کاهش قابلیت زیستی است. توانایی الگوسازی می‌تواند بر اثر آسیب‌های سیستم عصبی، مشکلات ژنتیکی و شرایط زیستی، کاهش و یا افزایش یافته و بر میزان پاسخ‌گویی به شرایط جدید، مشکل‌گشایی و تنظیم روابط اجتماعی تاثیر مستقیم داشته باشد. تنوع در سازمان الگوبندی افراد باعث تفاوت‌های بی‌شماری در جهان‌بینی و زاویه نگرش آن‌ها به مسائل می‌شود.

سازمان الگوبندی افراد که به هدف شناخت، مقایسه، یادگیری، استدلال و فعالیت‌های دیگر انجام می‌شود، در عین منحصربه‌فرد بودن، می‌تواند نماینانده

شخصیت و رفتار مغزی آن‌ها نیز باشد .[1]

گذشته از توانایی ساخت الگوهای جدید به هنگام قرار گرفتن در شرایط کاملا نو و بی‌سابقه (مانند شرایط ویژه زندان و شکنجه)، گویا سرعت در ساختن الگوهای جدید در مغز را نیز می‌توان به‌عنوان یک فاکتور در کیفیت پایداری افراد به‌حساب آورد. منظور این است که هرچه فرد سریع‌تر قادر به ساختن الگوهای جدید شود کمتر در اثر فشارهای زندان مجبور به گرفتن تصمیم‌های آنی و بی‌حساب (Random Choice) می‌گردد.

الگوها، به‌ویژه الگوهای باور، از مهم‌ترین پارامترهای تصمیم‌گیری می‌باشند در میان آن‌ها الگوهای بنیادینی وجود دارند که مانند فیلتر، بسیاری از تصمیم‌ها و واکنش‌های ما در زندان را بررسی و کنترل می‌کنند تا به آن‌ها اجازه اجرا بدهند یا ندهند.

بخش بعدی درباره تصمیم‌گیری است.

---

[1] توانایی بالای تشخیص الگوها از میان اطلاعات به ظاهر نابسامان (Apophenia) اگر چه نوعی قابلیت غیرعادی تقی می‌شود اما باید گفت که بر اساس الگوهای موجود در حافظه افراد است که ویژگی خود را دارند مانند آنچه که در ساختار الگویی مغز افراد اوتیستیک است.

بخش هشتم: تصمیم‌گیری

تصمیم‌گیری یعنی یافتن الگوی مناسب و کم‌هزینه مغز برای واکنش

در حکومت‌های استبدادی که مبارزه سیاسی، یک مساله مرگ و زندگی است، انتخاب "چگونه بودن" در زندان‌های سیاسی، همواره یک تصمیم‌گیری بسیار مهم و حساس بشمار می‌رود. گاه با یک تصمیم، سرنوشت یک فرد برای همیشه تغییر می‌کند.

هنگامی که از تصمیم و تصمیم‌گیری صحبت می‌شود همواره دو پرسش مهم مطرح می‌شوند: تصمیم چیست؟ و آیا "تصمیم‌گیری" امری آگاهانه است؟ تلاش اصلی این کتاب نیز یافتن پاسخ‌هایی بر این دو پرسش است زیرا پایداری افراد در زندانهای سیاسی بر اساس تصمیم‌های آن‌ها شکل می‌گیرد، چه آگاهانه و اختیاری باشند و چه نباشند. باید گفت که این دو موضوع (تصمیم‌گیری و اراده آزاد) بطور کاملا اساسی به یکدیگر مرتبط می‌شوند. حتی به هنگام طرح آن‌ها، موضوع تصمیم‌گیری گره می‌خورد به بحث اراده آزاد. منظور این است که اگر ما اراده آزاد را توهم بدانیم بنابراین دیگر ضرورتی برای پرداختن به تصمیم‌گیری نخواهد بود. اگر انسان دارای هیچ‌گونه اختیاری نیست پس چیزی که ما تصمیم‌گیری می‌نامیم صرفا مجموعه‌ای از عملکردهای خودکار مغز او

است و نه چیزی دیگر.

اما پیش از هر چیز باید پرسید که چرا ما مجبور به تصمیم‌گیری هستیم؟ آیا نمی‌شود بدون تصمیم‌گیری به زندگی کردن ادامه داد؟

در رابطه با ضرورت تصمیم‌گیری، یک پاسخ سریع و کوتاه می‌تواند این باشد که ما برای زنده ماندن نیازمند به فعالیت‌های زیستی هستیم و اجرای هر فعالیت ما محتاج به فرمانی از سوی مغز است. تصمیم‌ها، فرمان‌های مغز هستند که دستور و چگونگی اجرا را صادر می‌کنند. بدون تصمیم‌های مغز، هیچ فعالیتی انجام نشده و ما قادر به ادامه زندگی نخواهیم بود. تصمیم به معنای واکنش است و واکنش، واقعیتی است اجتناب‌ناپذیر در زندگی موجود زنده.

نوروفیزیولوژیست‌ها در تعریف تصمیم‌گیری به‌عنوان مهم‌ترین فرآیند مدیریتی، به هرگونه مدیریت مغز اشاره می‌کنند. آن‌ها حتی کنترل موتورهای خودکاری که باعث کارکرد قلب و ریه و کبد و کلیه و متابولیسم و... می‌شوند را نتیجه نوعی تصمیم‌گیری مغز می‌دانند. ولی باید گفت که منظور این کتاب از تصمیم‌گیری، اشاره به این نوع کارکردهای خودکار نیست.[۱] تصمیم‌گیری در این کتاب به آن نوع مدیریت مغز اشاره دارد که واکنش‌های ما نسبت به محرک‌های مختلف محیط را باعث می‌شود.

از این زاویه و در یک تعریف کلی، تصمیم‌گیری روندی است در جهت برگزیدن یک گزینه، برای اجرای واکنش مناسب نسبت به محرک‌ها. و واقعیت این است که ما در تمام لحظات زندگی، همواره در حال تصمیم‌گیری هستیم.

---

[۱] گفته می‌شود که دخالت توجه ما در این‌گونه کارکردهای خودکار مغز، ممکن نیست. اگر هم ممکن باشد، به‌نوعی می‌تواند مانع از کارکرد بهینه موتورهای خودکار شود.

این موضوع را می‌توان بیشتر باز کرد:

همه میدانیم که حیات و پویایی جهان بر اساس برهم‌کنش‌های میان اجزای تشکیل‌دهنده آن است. هر موجودی، هر سلولی، تا زمانی وجود دارد که نسبت به محرک‌ها واکنش نشان می‌دهد. حتی یک ارگان زنده تک‌سلولی که دارای سیستم عصبی نیست نیز دارای واکنش‌هایی است هدفمند در جهت بقا و تکثیر. موجودات پرسلولی، اما، نیازی اساسی به مدیریت بر روابط بین سلول‌ها دارند. به این دلیل، تبدیل تک‌سلولی‌ها به موجودات پرسلولی که در طی صدها میلیون سال فرگشت رخ داد، همراه شد با تشکیل تدریجی سیستم مدیریت. به این شکل که به‌موازات افزایش جمعیت سلول‌ها و پیچیدگی روابط بین آن‌ها، یک‌سری از سلول‌ها با تغییرات ساختاری، تبدیل به سلول‌های ویژه‌ای شدند با قابلیت مدیریتی هماهنگ و هدفمند. و به این ترتیب، به‌مرور، یک سیستم پیچیده عصبی را تشکیل دادند که حتی جزئی‌ترین کارکرد موجود را تحت نظر داشته و مدیریت می‌کند، از کمیت و کیفیت انتشار هورمون‌های مختلف گرفته تا رفتارهای واکنشی بقا و تکثیر.

انسان نیز مانند هر موجود زنده‌ای، برای بقای خود نیازمند به "رشد" است. منظور از رشد، تولید و تکثیر سلول‌ها در زمان معینی است تا جایگزین سلول‌های فرسوده شوند. سلول برای تکثیر نیاز دارد تا مواد متشکله خود را دو برابر کند تا به شرایط تکثیر برسد. او در این روند احتیاج به امکانات زیستی داشته و برای یافتن آن‌ها مجبور به ارتباط با محیط پیرامون خود است.

برای رشد، باید رابطه آزادانه‌ای بین موجود با محیط اطرافش برقرار شود تا به بهترین شکل ممکن بتواند به تغذیه و تکثیر بپردازد اما نکته این است که او تنها نیست. موجودات بسیاری در محیط وجود دارند که بقای هرکدام از آن‌ها

در تضاد با بقای موجودات دیگر قرار می‌گیرد. این‌گونه تقابل‌های زیستی است که هر موجودی را دارای قابلیت دوگانه "شکار" و "شکارچی" می‌کند.

برای شکار کردن باید به‌سوی ارتباط با محیط رفت و برای شکار نشدن باید از محیط گریخت. به همین دلیل در مسیر فرگشت، دو رفتار متفاوت در نحوه مدیریت مغز موجودات، و ما انسان‌ها، ایجاد شده است که از یک‌سو برای "رشد" نیازمند به ارتباط با محیط هستیم و از سوی دیگر برای "حفاظت" باید از ارتباطات محیطی دوری گزینیم. این دو رفتار متفاوت "رشد" و "حفاظت"، که دو شیوه بنیادین در جهت بقا می‌باشند نمی‌توانند به‌طور هم‌زمان مدیریت و اجرا شوند. تقویت یکی از آن‌ها به معنای تضعیف دیگری است. می‌توان واکنش‌های موجود را به دو نوع کلی واکنش باز و واکنش بسته معرفی کرد. واکنش باز حرکتی است رو به بیرون و متمایل به صرف انرژی، حال‌آنکه واکنش بسته، رو به درون متمایل به عدم فعالیت و ذخیره کردن انرژی است. این دو واکنش نمی‌توانند به‌طور هم‌زمان انجام شوند.[1]

بنابراین به منظور مدیریت و اجرای هر یک از رفتارهای "رشد" و "حفاظت"، سلول‌ها، مدارها و مکانیسم‌های خاصی بوجود آمده که بر اساس پیشینه و شرایط زیستی دارای کمیت، کیفیت و کارکرد متفاوتی شده‌اند. موجوداتی که در محیط‌های پرخطر زندگی می‌کنند دارای مدارهای محافظتی

---

[1] مشابه این نوع واکنش‌ها را می‌توان در سلول‌ها نیز یافت. پروتئین‌های ویژه‌ای در پوسته سلول‌ها وجود دارند (Integral Membrane Proteins) که نسبت به سیگنال‌های دریافتی واکنش‌های باز یا بسته از خود بروز می‌دهند. برخی از عصب شناسان این نوع واکنش‌ها را به کلیدهای ۱ و ۲ هیستامینی و همچنین به کلیدهای آلفا و بتای آدرنالین در سلول‌های عصبی مربوط می‌دانند.

فعال‌تری بوده و تمایل کمتری به رابطه با محیط دارند، و در مقابل، کاهش خطرهای محیط باعث افزایش میل به ارتباط در موجودات می‌شود. این‌گونه روابط نزدیک‌شونده و یا دورشونده، بر اثر نیازهای موجودات، تنظیم و روزبه‌روز پیچیده‌تر شده‌اند.

مدیریت اصلی این دو رفتار کلی با مغز است که اگرچه در اتاقک بسته جمجمه قرار دارد اما به کمک اطلاعات دریافتی از سوی حسگرهای مختلف، به اجرای مدیریت خود می‌پردازد. توانایی بالای مغز انسان در گردآوری و ذخیره اطلاعات، محاسبات پیچیده، تفکر، تخیل و استدلال، همگی در جهت مدیریت‌های دوگانه جذب-یا-گریز است. بنابراین مسولیت مدیریتی این سیستم، بسیار سنگین است.

مغز ما در همان زمان که مجبور به واکنش‌های مناسب نسبت به محیط است باید متمرکز بر کارکرد بهینه اعضا و ارگان‌های داخلی خود نیز باشد. سیستم‌های سمپاتیک (Sympathetic) و پاراسمپاتیک (Parasympathetic) بر این اساس ایجاد شده‌اند. وضعیت سمپاتیک که به کنترل رفتار ما در زمان بیداری می‌پردازد بیشتر متمرکز بر روابط بیرونی، یعنی دوری از خطر و یافتن امکانات زیستی و تکثیر است. درحالی‌که وضعیت پاراسمپاتیک که تنظیم‌کننده رفتار زمان استراحت و خواب است به بازسازی، متابولیسم، رشد و ایمنی پرداخته و می‌شود گفت که بیشتر متمرکز بر روابط درونی است.

تفاوت ساختاری نورون‌ها به قابلیت‌های متفاوت و ویژگی‌های عملکردی آن‌ها منجر شده و نورون‌های مناطق مختلف مغز با تفاوت‌های ساختاری و عملکردی، جغرافیای تخصصی مغز را می‌سازند. برنامه‌های "حفاظت" و "رشد"، در شبکه‌هایی ساکن هستند که بخش‌های مختلف این جغرافیا را به

یکدیگر مرتبط می‌کنند.[1]

"حفاظت" درواقع همان مکانیسم دفاعی مغز است که بر اثر تحریک آمیگدالا و در هنگام احساس ترس و خطر به انتشار هورمون‌های استرس و فعال‌تر کردن موتورهای خودکار می‌پردازد، و "رشد" نیز با انتشار دوپامین در مدارها و شبکه‌های گسترده‌تر، جستجو برای امکانات زیستی و تکثیر را ترغیب می‌کند.

برنامه‌های "حفاظت" و "رشد" در ارتباط با یکدیگر و بر اساس تجربیاتی که از آغاز زندگی جنینی تاکنون داشته و داریم به‌طور مرتب تجدید می‌شوند. بر اساس این برنامه‌ها، اطلاعات بسیاری در مغز ذخیره شده و منشأ اصلی بسیاری از قضاوت‌ها و رفتارهای ما و معیار اصلی مغز در حساسیت و به خاطر سپردن اطلاعات بعدی می‌گردند.

تجربیات متفاوت خوب و بد، در مغز ذخیره می‌شوند تا به‌عنوان منابع مهم پیش‌بینی و تصمیم‌گیری مورد استفاده قرار گیرند. تجربیات خوب، "مدارهای پاداش" را فعال کرده و ما را به تعامل بیشتر با محیط می‌رانند اما تجربیات بد با تحریک "مدارهای استرس" ما را از ارتباط با محیط گریزان می‌کنند.

مغز، بدون وقفه با گردآوری تمام اطلاعات محیط در حال فهم یک نکته اساسی است و آن این‌که در پیرامون او چه می‌گذرد و چیزهای موجود، چه

---

[1] بر اساس کشفیات ادلمن و تونونی (Gerald Edelman & Giulio Tononi) تشخیص اطلاعات مهم و استخراج آن‌ها از میان مجموعه عظیمی از اطلاعات غیرمهم، توسط نورون‌های خاصی انجام می‌شوند که در مناطق مختلف قشری مغز به تعداد فراوان وجود دارند. نورون‌های ویژه دیگری نیز هستند که در ارتباط قوی‌تری با یکدیگر، به ترکیب آن اطلاعات مهم برای رسیدن به شناخت و درک می‌پردازند.

مقدار احتمال خطر و یا امکان زیستی را برایش ایجاد می‌کنند. هر چیزی که در این دو مقوله نگنجد برای ما فاقد ارزش اطلاعاتی بوده و جدی گرفته نمی‌شود.

ازآنجایی‌که پیرامون ما به‌سرعت و همواره در حال تغییر است، مغز ما نیز نیازمند به تجدید کردن اطلاعات خود از محیط است تا بفهمد اکنون چه می‌گذرد و در مقایسه با اطلاعات قبلی بتواند بهترین پیش‌بینی ممکن از آنچه لحظاتی دیگر رخ خواهد داد را داشته باشد.

بسیاری از نورولوژیست‌ها که مغز را دستگاه پیش‌بینی می‌نامند می‌گویند که هدف از کسب اطلاعات از محیط، درواقع، چیزی نیست جز گسترش قابلیت پیش‌بینی مغز که به‌عنوان مکانیسمی کارآمد در جهت بقا و تکثیر عمل می‌کند.

مغز ما برای پیش‌بینی به اطلاعات دقیق و روشن احتیاج دارد و به همین دلیل است که ابهام و عدم قطعیت را دوست ندارد. هر چیزی که قدرت پیش‌بینی مغز را کاهش دهد در ما ایجاد احساس ناخوشایند می‌کند. ما انتظار داریم که پیش‌بینی‌هایمان درست از آب درآیند و وقتی‌که می‌فهمیم نادرست بوده‌اند جا می‌خوریم و نگران می‌شویم. پیش‌بینی‌های نادرست که به معنای کاهش توان مدیریت مغز و در نتیجه، احتمال آسیب‌های جدی است، مدار استرس را بشدت فعال می‌کنند.

آزمون‌وخطا که با هدف بررسی خطاهای پیش‌بینی صورت می‌گیرد مقایسه‌ای است که مقدار تفاوت بین آنچه انتظار داشته‌ایم و آنچه واقعا پیش آمده را برای ما روشن می‌کند تا در محاسبات بعدی در نظر گرفته شوند. نتایج

این بررسی‌ها در مدارهای مغز ثبت شده و به همان میزان دوپامین آزاد می‌شود. شاید به این دلیل باشد که دوپامین را پیام‌رسانی می‌دانند که خطاهای پیش‌بینی را در قسمت‌های مختلف مغز پخش و ثبت می‌کند. و حتی گفته می‌شود که مدارهای مغز بدون دوپامین قابلیت تجدید شدن را از دست می‌دهند.

با توجه به تمام نکاتی که درباره برنامه‌های مدیریتی "حفاظت" و "رشد" گفته شد نتیجه می‌گیریم که کلیه تصمیم‌گیری‌های ما یا در جهت حفاظت است و یا در جهت رشد. مغز ما فقط به اطلاعاتی که در این موارد دریافت می‌کند اهمیت داده و واکنش نشان می‌دهد، یعنی تصمیم‌گیری می‌کند. از این دیدگاه تصمیم‌گیری‌های ما به سه دسته بسیار کلی گروه‌بندی می‌شوند: واکنش در جهت رشد، واکنش در جهت حفاظت، و نادیده گرفتن بقیه اطلاعات نامربوط.

اما چه مکانیسمی مغز ما را قادر به تشخیص اطلاعات دریافتی می‌کند؟ مغز از کجا می‌داند که این اطلاعات مربوط به رشد است، مربوط به حفاظت است و یا باید نادیده گرفته شوند؟

همان‌گونه که در بخش پیشین اشاره شد، حافظه و الگوهای مغز را باید اصلی‌ترین معیار برای تشخیص نوع و اهمیت اطلاعات دریافتی دانست. الگوهای مغز در مقایسه اطلاعات دریافتی با اطلاعات ذخیره شده حافظه، با انتشار هورمون‌های کولین به‌ویژه استیل‌کولین (Acetylcholine) باعث فعال شدن "توجه" شده و در نتیجه، مغز به بررسی بیشتر و ذخیره اطلاعات دریافتی می‌پردازد. این نکته را پروفسور استیون ویلیامز (Stephen R Williams) از موسسه مغز کوئینزلند در استرالیا گفته و تاکید می‌کند که این سیستم نه تنها به

عنوان یک سوییچ اصلی عمل کرده، بلکه مغز را قادر می‌سازد که در تمام لحظات اطلاعات دریافتی ارزشمند را شناسایی و مشخص کند.[۱]

دانشمندان دانشگاه تحقیقاتی جانز هاپکینز (Johns Hopkins University) آمریکا نیز در مطالعه اخیرشان متوجه شدند که نورون‌ها با دریافت سیگنال، آن را کدبندی می‌کنند و با این روش، سیگنال دریافتی، از نظر اهمیت طبقه‌بندی می‌شود.[۲]

رمزگذاری پروتئین‌های مختلف در مغز را شاید بتوان کلید اصلی یادگیری و پس از آن مکانیسم اتوماتیک‌سازی دانست.

مکانیسم اتوماتیک‌سازی با ترکیب الگوها و به قصد ایجاد الگوهای کلی‌تر یکی از روشهایی است که با هدف صرفه‌جویی در مصرف انرژی و کارکرد بهینه در مغز انجام می‌شود. با به کارگیری این مکانیسم، علاوه بر سامان‌دهی و اجرای پشت سر هم، مغز به سوی بیشترین کارکرد با کمترین هزینه و بالاترین سرعت می‌رود. هدف اصلی، آسان‌سازی در اجرای واکنش‌های تکراری است.

اگر الگوسازی را نوعی سامان‌دهی اطلاعات ذخیره شده حافظه بدانیم، اتوماتیک‌سازی مغز را می‌توان، به‌نوعی، شکل‌بندی الگوها و مرتبط کردن آن‌ها

---

[۱] علاوه بر همکاری کولین‌ها و دوپامین در پروسه یادگیری، گفته می‌شود که کاهش غیر طبیعی کولین با بسیاری از اختلالات مغزی مانند افسردگی، آلزایمر، پارکینسون و هانتینگتون مرتبط است.
[۲] گفته میشود محاسبات ارزشیابی به عنوان یک عملکرد متابولیک مغز که در انتخاب و تصمیم نقش دارد در منطقه ونترومیدیال پریفرونتال (Ventromedial Prefrontal) انجام می‌شود. این نظریه از آنجا می‌آید که با صدمه به این قسمت، توان تصمیم‌گیری افراد دچار اختلال میشود.

به یکدیگر دانست. اتوماتیک‌سازی الگوها، با مرتبط کردن شبکه‌های مختلف به یکدیگر از یک سو امکان تغییرپذیری مدارهای مغز (Neuroplasticity) را فراهم می‌آورد و از سوی دیگر با ایجاد الگوهای عادات و باورها (ارزش‌ها و اعتقادات)، اصلی‌ترین منابع شناخت و تصمیم‌گیری‌های ما را می‌سازد. تصمیم‌گیری‌های ما به‌مقدار بسیار زیاد به این‌گونه الگوهای خودکار مغز وابسته بوده و از آن‌ها تغذیه می‌شوند.

هنگامی که گفته می‌شود ریشه‌های اکثر تصمیم‌گیری‌های ما در این‌گونه الگوهای خودکاری است که باورها، ارزش‌ها و یا عادت‌های ما را می‌سازند، برخی از افراد صحبت از نقش اراده در تصمیم‌گیری‌ها می‌کنند بی‌آن‌که واقعا تعریف روشنی از اراده داشته باشند.

خودکنترلی

کاملا آشکار است که برخی از انسان‌ها در مقابله با وسوسه‌ها راحت‌تر از دیگران می‌توانند خود را کنترل کنند و در مقابل این‌ها، کسانی هستند که در ارضای نیازهایشان هیچ‌گونه کنترلی بر خود نداشته و هر مانعی آن‌ها را دچار بی‌قراری و یا خشم می‌کند. "خودکنترلی" را یکی از فاکتورهای مهم اراده در تصمیم‌گیری می‌دانند که بر اساس آن افراد قادر می‌شوند با تمرکز بر منافع آتی از منافع آنی خود چشم‌پوشی کنند.

در دهه ۱۹۷۰ یکسری آزمایش‌های تجربی در دانشگاه استنفورد آمریکا توسط والتر میشل (Walter Mischel) و همکاران انجام شد که به آزمایش‌های "استنفورد-مارشملو" (Stanford-Marshmallow) معروف است. هدف از

آزمایش‌ها این بود که نشان دهد چگونه و چرا برخی از انسان‌ها بهتر از دیگران می‌توانند خود را کنترل کنند. والتر میشل در مقابل عده‌ای از کودکان داوطلب (دختر و پسر) یک عدد شیرینی مارشملو می‌گذارد و درحالی‌که خوردن آن‌ها را آزاد اعلام می‌کند قول می‌دهد که اگر کسی شیرینی خود را نخورد پس از مدتی یک مارشملوی اضافه جایزه می‌گیرد. او اتاق را ترک می‌کند. بعضی از افراد شیرینی‌های خود را بلافاصله می‌خورند ولی عده‌ای دیگر قادر به کنترل خود بوده و می‌توانند پانزده دقیقه بعد دو شیرینی بخورند.

منظور والتر میشل و همکاران از چنین آزمایش‌هایی که چندین بار نیز انجام شد بررسی مقاومت در برابر وسوسه لذت آنی (Instant vs Delayed Gratification) بود. در آن زمان (دهه ۱۹۶۰) چنین تفسیر می‌شد که برخی از افراد دارای اراده قوی‌تری هستند. اما چند دهه بعد در آزمایش‌های مشابهی توسط سلست کید (Celeste Kidd) و همکاران، نکته بسیار مهمی آشکار شد. در این آزمایش‌ها، به وعده‌ای که به بچه‌ها داده شده بود عمل نشد و آن‌ها که توانسته بودند خود را کنترل کنند شیرینی اضافه دریافت نکردند. در دور بعدی آزمایش‌ها، همه بچه‌ها شیرینی‌های خود را خورده و هیچ‌کدام منتظر پاداش نماندند زیرا آن‌ها این بار تجربه بدقولی آزمایشگر را در حافظه خود داشتند.

با توجه به این آزمایش‌ها می‌توان به تاثیر مهمی که حافظه و تجربه‌های قبلی ما در امر خودکنترلی و فرآیند تصمیم‌گیری دارند پی برد.

در رابطه با چگونگی نقش حافظه بر روند تصمیم‌گیری، گروهی از محققان دانشگاه ویرجینیاتِک آمریکا با بررسی مغز افراد مورد آزمایش دریافتند که مجموعه اطلاعات ذخیره شده در مغز به‌طور مستقیم در تولید هورمون‌های مهمی مانند دوپامین و سروتونین نقش دارند. این محققان با توجه به نقش

دوپامین و سروتونین در روشن و خاموش کردن سیناپس‌های رأی‌دهنده، به توازن آن‌ها به‌عنوان یک امر موثر در فرآیند تصمیم‌گیری اشاره کرده و توضیح می‌دهند که افزایش سطح سروتونین (که از نوع هورمون‌های بازدارنده است)، موجب تردید شده و افزایش دوپامین (که از نوع هورمون‌های وادارنده است) تحریک به واکنش می‌کند، اما فقط زمانی که مقدار دوپامین و سروتونین به یک سطح خاص می‌رسند انتخاب تمام شده و تصمیم گرفته می‌شود.

این توضیح، یعنی رابطه دوپامین و سروتونین، شاید نتواند پروسه تصمیم‌گیری را به‌روشنی توضیح دهد اما اهمیت این دو هورمون وادارنده و بازدارنده و نقش حیاتی آن‌ها در روابط بین سلول‌ها و شبکه‌های مغز به هنگام تصمیم‌گیری را بیان می‌کند.

در این رابطه آزمایش‌های تجربی دیگری در دانشگاه‌های معتبر دنیا انجام شده تا بفهمند به هنگام تصمیم‌گیری چه اتفاقی در مغز رخ می‌دهد.

نظریه "مدارهای هماهنگ‌شده تصمیم‌گیری" مغز، توسط گروهی از محققان دانشگاه استنفورد آمریکا به سرپرستی ویلیام نیوسام (W. Newsome) و مایکل شدلن (M. Shadlen) با اشاره به الگوریتم‌های تصمیم‌گیری بر اساس اطلاعات موجود در مغز، پروسه تصمیم‌گیری را به روندی مانند رأی‌گیری شبیه می‌داند. این نظریه می‌گوید که اولین ضرورت در تصمیم‌گیری، وجود اطلاعات کافی در بخش‌های مختلف مغز است. منظور این است که کافی نبودن اطلاعات، باعث بی تصمیمی می‌شود (مانند کافی نبودن آرای انتخاباتی). اما زیاد شدن آرا تا اندازه لازم، باعث افزایش جریان بیوالکتریکی تا آستانه‌ای می‌شود که مدارهای عمیق‌تر مغز در بیزیل گنگلیا (Basal Ganglia) را تحریک

کرده و به واکنش وامی‌دارد.[1]

دنیل کانه‌من (Daniel Kahneman) برنده جایزه نوبل در رشته اقتصاد نیز با اشاره به دو سیستمی بودن تصمیم‌گیری، سیستم اول را دارای روندی خودکار، سریع، احساسی و جانب‌دارانه می‌داند که انرژی نسبتا کمتری مصرف می‌کند اما مبتنی بر استدلال نیست. سیستم دوم روندی است کند که بر مبنای تحلیل و محاسبات منطقی بوده و بنابراین نیاز به توجه بیشتر ما داشته و گاه به دلیل مصرف بسیار بالایی که دارد می‌تواند مغز را خسته و تصمیم‌گیری را مشکل کند.

دنیل وگنر (Daniel Wegner) روان‌شناس و استاد دانشگاه هاروارد نیز با نگاهی به تفکر تحلیلی آلن تیورینگ (Alan M Turing) پدر کامپیوتر، به دو مرحله تنظیم‌گر در فرونتال کورتکس اشاره می‌کند. در مرحله اول، یک گزینه از میان چند گزینه انتخاب می‌شود و مرحله دوم به اجرای آن، آری یا نه می گوید. اگر پاسخ آری باشد تصمیم گرفته می‌شود.

او معتقد است که در آشوب‌های استرسی، مرحله دوم انجام نشده و به این دلیل شخص در شرایط دشوار، دچار بحران تصمیم‌گیری می‌شود.

در این میان اما، آزمایش‌های بنجامین لیبت (Benjamin Libet) را می‌توان مشهورترین تحقیقی دانست که درباره تصمیم‌گیری و آگاهی فرد نسبت به آن، انجام شده است. او در نظریه خود به‌نام پتانسیل آمادگی (Readiness

---

[1] هرچند که به نظر می‌آید به‌جز انباشت الکتریکی عوامل دیگری ماننـد دمـا نیـز در تصمیم‌گیری مؤثر باشند. احتمالا افزایش دمـای حاصـله از انباشـت الکتریکی کـه بـر پروتئین‌های مغز تأثیر مخرب دارد می‌تواند باعث شتاب در تصمیم‌گیری شود.

Potential) توضیح می‌دهد که ما پیش از آنکه تصمیمی بگیریم نوعی انباشت الکتریکی در مغز انجام می‌شود که آن را می‌توان آمادگی بالقوه برای تصمیم‌گیری دانست. و به این دلیل که ابتدا سیگنال‌های تصمیم‌گیری در مغز تشکیل میشوند و سپس ما از وجود آن آگاه می‌شویم، تصمیم‌گیری آگاهانه را نفی می‌کند.

(ازآنجایی‌که آزمایش‌ها و نتیجه‌گیری‌های لیبت بیشتر به بحث اراده آزاد مربوط می‌شود لازم است که در بخش بعدی به‌طور مفصل‌تری به آن پرداخته شود.)

علاوه بر این‌گونه بررسی‌های بیوالکتریکی مغز، برخی از نورولوژیست‌ها به چالش‌هایی اشاره می‌کنند که به هنگام تصمیم‌گیری، بین بخش‌های مختلف مغز (همچون لیمبیک و فرونتال) رخ داده و تاثیرات تقویتی و یا تضعیف‌کننده‌ای بر فعالیت یکدیگر می‌گذارند.

از آنجایی که روابط پیچیده بین قسمت‌های مختلف مغز با یکدیگر نقشی اساسی و تعیین‌کننده در تصمیم‌ها و رفتار ما دارند، لازم است پیش از ادامه، نگاهی بسیار مختصر به این قسمت‌ها داشته باشیم.

نگاهی کلی به بخشهای مغز

مغز یک مجموعه مرتبط و ویژه است که نه می‌توان آن را چند پاره‌ی جدا از هم دانست و نه ارگانی یک‌پارچه، شبکه‌ای است هم‌بسته که با هدف مشخصی به مدیریت بقا و تکثیر می‌پردازد. درباره ساختار جغرافیایی مغز دیدگاه‌های متفاوتی وجود دارد. مشهورترین آن‌ها نظریه مغز سه‌گانه است که

ابتدا از سوی پل مکلین (Paul D McLean) دانشمند عصب‌شناس آمریکایی مطرح شد. او مغز انسان را از نظر تاریخ فرگشتی به سه بخش عمده تقسیم کرده و هر یک را مرحله‌ای از مسیر تدریجی میلیون‌ها سال دگرگونی‌های فرگشتی می‌داند. و از آنجایی که آن‌ها نه به یکباره بلکه به تدریج تشکیل شده اند هر بخش، خود، دارای قسمت‌های مختلف قدیمی و جدید می‌باشد. بر اساس تقسیم‌بندی او قدیمی‌ترین بخش مغز ما که برخی آن را، به دلیل شباهت‌های کارکردی، مغز خزندگان می‌نامند، مغز پشتی و یا مغز پسین (Hindbrain) است که کنترل فعالیت‌های خودکار حیاتی مانند تنفس، کارکرد قلب، تنظیم خون، دمای بدن، بلعیدن و... را به عهده دارد. گسست کامل پیوندهای بین سلول‌های این بخش از مغز باعث ازکارافتادن موتورهای خودکار (Autonomic Nervous System) و ارگان‌های حیاتی شده و به‌این‌ترتیب کل سیستم متوقف می‌شود. شاید بشود این بخش از مغز را قسمتی دانست که موتورهای قدرتمند بقا را اجرا می‌کند. اما برنامه پیشرفته‌تر مدیریت بقا در قسمت‌های دیگر مغز قرار دارد یعنی در مغز میانی (Midbrain) که میلیون‌ها سال طول کشید تا تشکیل و تکمیل شود. این بخش از مغز دربردارنده سیستم لیمبیک با هسته معروفی به‌نام آمیگدالا است که برخی ترجیح می‌دهند آن را مغز شمپانزه‌ای و یا مغز حیوانی ما بنامند. پل مکلین آن را مغز پستانداران قدیمی نامیده و با کلیه تمایلاتی که ما را از خطر دور، و یا به‌سوی امانات زیستی جذب می‌کند مرتبط می‌داند. او مغز جلویی (Forebrain) که تقریبا پشت پیشانی قرار دارد را مغز انسانی نامیده که از لایه‌های مختلف کورتکس تشکیل شده و بیشترین قسمت مغز ما را تشکیل می‌دهد. این قسمت علاوه بر آن‌که مرکز پردازش سیستم‌های پیچیده‌تر بینایی و شنوایی است به امور

شناخت، حافظه، تفکر، نقشه فضایی[1]، درک انتزاعی و زبان می‌پردازد. در این لایه نیز قسمت‌های نسبتا قدیمی‌تر و جدیدتر وجود دارد، به عنوان مثال پریفرونتال کورتکس (PFC) که واسطه‌ایست برای ارتباط بین دو بخش میانی و جلویی، و گفته می شود نحوه فعالیت این بخش از مغز، که رابطی است بین مغز حیوانی و مغز انسانی، نقش بسیار مهم و تعیین‌کننده‌ای در رفتار و تصمیم گیری‌های ما دارد.

امروزه نظریه مغز سه‌گانه پل مک‌لین اعتبار گذشته را ندارد زیرا با مقایسه ساختار مغز جانوران و یافتن ژن‌های مشابه هر سه قسمت مغز انسان در مغز خزندگان و پستانداران، قدیم و جدید دانستن قسمت‌های مغز بر اساس تاریخ فرگشتی، مورد شک واقع شده و گفته می‌شود فرگشت، لایه لایه بر مغز ما نیفزوده بلکه سازماندهی جدیدتری بر ساختار شلوغ‌تر آن ایجاد کرده است.

با وجود نظریات مختلف، قشر مغز (Cerebral cortex) و کورتکس‌جدید (Neocortex) وجود دارند حتی اگر نامگذاری آن‌ها نادقیق باشند. این قسمت‌ها در چندصدهزار سال اخیر بتدریج بزرگ‌تر و شلوغ‌تر شده و در طی چند هزار سال، همراه با تشکیل تدریجی اجتماعات بزرگ‌تر انسانی به آنچنان توانایی‌ای رسیده که قادر است به اجرای اعمال بسیار پیچیده‌تر مدیریتی در مغز انسان

---

[1] منظور از "نقشه فضایی" قابلیت مکان‌یابی است که مغز با جمع‌آوری اطلاعات پراکنده از نقاط مختلف محیط‌زیست خود و مرتبط کردن آن‌ها به یکدیگر قادر به ساختن یک تجسم ذهنی شبیه به نقشه می‌شود. سلول‌های تخصصی‌شده هیپوکمپ و اطرافش عـلاوه بـر تفسیر سیگنال‌های بینایی، با ترکیب اطلاعات از نقاط مختلف محیط‌زیست، ما را قادر بـه تجسم فضایی می‌کند. (مانند یک پرنده که از بالا می‌نگرد) این درک فضایی را راننـده‌های تاکسی بهتر متوجه می‌شوند زیرا می‌توانند نقشه خیابان‌های شهر را در ذهن خود تجسـم کرده و بهترین مسیر را انتخاب کنند.

اجتماعی بپردازند.

هرچند که تأثیر فعالیت‌های نیوکورتکس را از حدود ۵ سالگی به بعد می‌توان در رفتار انسان‌ها دید اما تکمیل شدن آن تا انتهای دهه بیست‌سالگی (بین بیست و پنج تا سی) طول می‌کشد. رشد کمی و کیفی این قسمت در همه افراد یکسان نبوده و علاوه بر دلایل ژنتیک، می‌توان به تأثیر شرایط زیستی و تربیتی در این مورد اشاره کرد. جنسیت نیز عامل دیگری در تفاوت رشد نیوکورتکس است و به دلیل اینکه در دختران با سرعت بیشتری تکامل می‌یابد آن‌ها را زودتر از پسرها به رشد استدلالی و اجتماعی می‌رساند.

ارتباطات میان قسمت‌های مختلف مغز هنوز از امور ناشناخته‌ای است که بسیاری از متخصصین را مشغول رمزگشایی خود کرده است. آن‌ها متوجه شده‌اند که حتی ساده‌ترین فعالیت‌های روزانه ما مستلزم همکاری چندین قسمت مغز با یکدیگر است.

با اولین نگاه به توده پرچین‌وشکن مغز متوجه خطی می‌شویم که گویا آن را به دو نیمه تقسیم کرده است. این دو نیمه که ظاهرا متقارن و مشابه به نظر می‌آیند، نه از نظر ظاهری و ساختاری قرینه هستند و نه از نظر کارکردی. گفته می‌شود که نیمه راست کورتکس بیشتر به امور تجریدی و هنری پرداخته و نیمه چپ به زبان و استدلال. در این مورد نیز نظرهای مختلفی ارائه می‌شوند.

به نظر می‌آید که عدم تقارن دو نیمکره مغز بر توانایی‌های انسان افزوده و قابلیت‌های شناختی پیچیده‌ای را برای او ممکن ساخته است.

اکثر قسمت‌های مغز دارای بخش‌های دوتایی بوده و هرکدام کارکردهای ویژه‌ای را به عهده دارند. با این‌که علت اصلی نیاز به دوتایی بودن قسمت‌های

مختلف در مغز کاملا روشن نیست اما می‌دانیم که مغز اطلاعات متفاوت هر دو قسمت را با یکدیگر مقایسه می‌کند تا درک دقیق‌تری از محیط پیدا کرده و در نتیجه، واکنش مناسب‌تری داشته باشد.

تفاوت کارکردی دوتایی‌های چپ و راست در هر شخص منحصربه‌فرد بوده و چگونگی روابط بین این قسمت‌ها، به‌طور مستقیم و غیرمستقیم، در حالات و عملکردهای افراد خود را نشان می‌دهند. محققان و دانشمندان مغز در تلاش هستند تا با مطالعه تفاوت‌های چپ و راست و چگونگی تاثیرات ژنتیک و محیط بر آن‌ها بتوانند به تفاوت‌های بین انسان‌ها پی ببرند. آنچه تاکنون می‌دانیم همه حکایت از اهمیت روابط متقابل دوتایی‌های مغز در نوع رفتار ما دارند. به عنوان نمونه، به ارتباط پیچیده درونی و بیرونی دوتایی‌های فرونتال و لیمبیک با یکدیگر و نقش آن در تصمیم‌گیری‌ها اشاره می‌شود، به ویژه به دو قسمت مهم لوب‌های پیشانی یعنی دورسال (dlPFC) و ونترال (vmPFC) که خود نیز از قسمت‌های متفاوتی تشکیل شده‌اند. قسمت دورسال را بیشتر با استدلال، انتزاع، خودکنترلی و برنامه‌ریزی برای "آینده" مرتبط می‌دانند، و قسمت ونترال که در رابطه قوی‌تری با لیمبیک سیستم می‌باشد، بیشتر با واکنش‌های آنی، احساس، هیجان و "زمان حال" درگیر است. در این رابطه گفته می‌شود که خودکنترلی افراد و اینکه کسی می‌تواند (و یا نمی‌تواند) منافع آتی را به منافع آنی ترجیح دهد در نتیجه وجود روابط چندجانبه‌ایست که بین دو قسمت چپ و راست فرونتال، دو قسمت چپ و راست لیمبیک، و نهایتا گفتگوی هر چهار قسمت (فرونتال و لیمبیک) با یکدیگر است. بنابراین تصمیم گیری را نتیجه فعالیت‌های موافق و مخالف قسمت‌های مغز با یکدیگر می‌دانند. این‌گونه تحقیقات همچنان در حال انجام و بررسی هستند و هر روز بخشی از

کارکردهای مغز روشن می‌شود.

تصمیم‌گیری‌های چالشی یکی از موضوعات قابل‌توجه بسیاری از دانشمندان و متخصصانی است که رفتار انسان‌ها را بررسی، تحقیق و آزمایش می‌کنند. برخی آن را به علت کمبود اطلاعات برای تصمیمگیری و یا ناتوانی پیش‌بینی و ترس از عوارض ناشی از تصمیم نامناسب می‌دانند[۱] اما بسیاری دیگر با اشاره به چالش‌های بخش‌های مختلف مغز، به‌ویژه بین دو مغز حیوانی و انسانی با یکدیگر دریافته‌اند که مغز حیوانی در صورت احساس خطر، مدیریت را به دست گرفته و نقشی اساسی در واکنش‌های افراد بازی می‌کند. اگر آمیگدالا احساس خطر نکند حتما به بخش‌های دیگر مغز اجازه دخالت می‌دهد اما اگر شرایط، حساس و خطرناک باشد چالشی جدی درمی‌گیرد. مغز حیوانی انباشته از اطلاعات مربوط به خطر و استرس، درصدد اجرای سریع برنامه‌ریزی‌های غریزی، و در مقابلش مغز انسانی با چندین برابر آموخته‌های مختلف زیستی، آینده‌نگر و دارای قابلیت تفکر منطقی، رو در روی یکدیگر ایستاده و در هنگام تصمیم‌گیری‌ها، قدرت‌نمایی می‌کنند. مثالی که در این باره زده می‌شود چنین است: فرض کنید غذای شما در حال سوختن است و شما بوی سوختگی را حس می‌کنید. با سرعت به‌سوی اجاق رفته و بدون معطلی ظرف غذا را از روی شعله برمی‌دارید. ناگهان درد ناشی از سوختگی را در دست خود احساس می کنید. بخشی از مغز شما می‌گوید که ظرف را بدون معطلی رها کن و بخش دیگر با در نظر گرفتن نیاز فوری به غذا و یا هزینه و وقتی‌که صرف آن کرده‌اید

---

[۱] افرادی که دچار افسردگی، اضطراب، وسواس (OCD)، آسیب‌های استرسی (PTSD) و عوارض دیگر (Neuroticism, Aboulomania,...) هستند گاه در تصمیمگیری‌های خود دچار چالش‌های جدی می‌شوند.

شما را از رها کردن ظرف بازمی‌دارد. شما باید بین رها کردن فوری ظرف غذا و یا تحمل سوختگی یکی را انتخاب کنید. ممکن است تا زمانی که بتوانید ظرف غذا را در جای مطمئنی بگذارید حدی از سوختگی دست را بر خود روا بدارید . اما اگر جای مناسبی پیدا نکنید چه؟ تا چه حد می‌توانید درد سوختن دست خود را تحمل کنید؟

این که محاسبات مختلف ما تا کجا پیش رفته و در نهایت چه تصمیمی بگیریم بستگی به پارامترهای بسیار متنوعی دارد که نه‌تنها در خصوصیات فیزیولوژیکی بلکه در مجموعه‌ای از تجربیات زیستی ذخیره شده در مغز ما ریشه دارند.

این نوع چالش بین قسمتهای مختلف مغز، در جوامع شلوغ امروزه که بسیاری از انسان‌ها عموما در روابط اجتماعی خود دچار احساس خطر همیشگی هستند می‌تواند قابل توجه باشد.

احساس خطر و استرس یا نسبت به خطر واقعی بیرونی است و یا بر اساس اطلاعات ذخیره شده در مغز افراد. افراد مختلف نسبت به یک واقعه که در مقابل دیدگان آن‌ها رخ می‌دهد واکنش‌های یکسانی ندارند. یکی از آن‌ها ممکن است وحشت کرده ولی دیگری نسبتا عادی با آن برخورد کند. اطلاعات موجود در مغز آن‌ها با یکدیگر تفاوت دارد. اطلاعات موجود در مغز نقش مهمی در ایجاد فوبیاها دارند.

باآنکه گفته می‌شود مغز حیوانی دارای قدرتی پنهانی است و هر زمان که احساس عدم امنیت کند به فوریت آن را بروز می‌دهد اما می‌توان گفت که مقدار و کیفیت اطلاعات و تجربیات زیستی که در قسمت‌های دیگر مغز

ذخیره شده‌اند در برخی از موارد می‌توانند نقش مهم‌تری بازی کنند. به عنوان یک نمونه:

اوریانا فالاچی در کتاب "زندگی، جنگ و دیگر هیچ" که گزارش‌های جنگ ویتنام است، شرحی از یک بازجویی و شکنجه‌های وحشتناک در ویتنام را بیان می‌کند که می‌تواند تاثیرات شبکه اجتماعی در کیفیت پایداری زندانیان سیاسی را به‌خوبی نشان دهد. او در کتاب خود به ماجرای یکی از اعضای نهضت مقاومت ویتنام اشاره می‌کند که دستگیر شده و در مقابل انواع شکنجه‌ها تاب آورده و هیچ‌گونه اطلاعاتی نمی‌دهد.

طبیعی است که در مقابله با شکنجه‌های مختلف زندان، هر کس توان فیزیولوژیکی محدودی دارد و مکانیسم دفاعی در چنین وضعیتی حکم می‌کند که برای رهایی از شکنجه‌های وحشتناک، باید هر چه سریع‌تر راهی پیدا کرد. اما چه چیزی مانع از دادن اطلاعات و رهایی این فرد از شکنجه می‌شود؟

پس از بازجویی‌های ناموفق، رئیس ویژه بازجوها وارد شده و با فرد زندانی که آثار شکنجه بر تمام قسمت‌های بدنش نمایان است به گفتگو می‌نشیند تا او را به هر شکل ممکن به تسلیم وادارد. در نهایت به او می‌گوید که در صورت ندادن اطلاعات، او را زیر چرخ‌های یک کامیون ارتشی انداخته و سپس اعلام می‌کند که شخص گمنامی در تصادف با ماشین از بین رفته است. در این صورت هیچ‌یک از هم‌رزمانش هرگز نخواهند فهمید چه بر سر او آمده است. اما اگر اطلاعات بدهد او را با نام خودش و مانند یک ویت‌کنگیِ قهرمان تیرباران می‌کند.

فرد زندانی این شرط را می‌پذیرد، تسلیم شده و همه چیز را می‌گوید.

پس‌ازآن، مسئول بالاتر او را دستگیر می‌کنند و او نیز مانند هم‌رزمش، تمام شکنجه‌های سخت را تاب می‌آورد ولی مرگ در گمنامی را نپذیرفته و تسلیم همان شرط شده و هم‌رزمان خود را لو می‌دهد.

آیا در آن جامعه و در آن زمان، گمنام مردن، به‌مراتب بدتر از لو دادن هم‌رزمان خود قلمداد می‌شده است؟ و یا گمنام ماندن در خاطره مبارزاتی جامعه امری ناپذیرفتنی بوده است؟ الگوهای کلی فرهنگی- اجتماعی با ریشه‌های قدرتمندی که در شبکه‌های مختلف مغز می‌زند می‌تواند آمیگدالا و مکانیسم دفاعی فرد را مهار کرده و حتی بر نحوه انتقال سیگنال‌های درد و احساس آن تاثیر بگذارند. شخصی که اکنون شکنجه می‌شود امتداد گذشته خود است و مجموعه الگوهایی که در طول زندگی در مغز او شکل گرفته‌اند در این زمان تاثیر خود را نشان می‌دهند.

یکی از مهم‌ترین ابزاری که در ساخت الگوهای باورها مورد استفاده قرار می گیرند تکرار "گفتگوهای درونی" و "تصویرهای ذهنی" است.

گفتگوهای درونی

دکتر مکسول مالتز (Maxwell Maltz) یک متخصص جراحی پلاستیک در آمریکا، پس از برخورد با بیمارانی که از عمل زیبایی خود احساس رضایت داشتند متوجه شد که گاه یک جراحی موفقیت‌آمیز بینی می‌تواند شخصیت بعضی از افراد را کاملا دگرگون کند. این کنجکاوی، او را به کشف یکی از مهم‌ترین مسائل روانی یعنی "تصویر ذهنی" هدایت کرد. او پس از سال‌ها تحقیق و صحبت با افراد مختلف متوجه شد همه ما تصویری از خود در

ذهنمان داریم که رفتار، اندیشه و عادت‌هایمان را بر اساس آن شکل می‌دهیم و به‌محض اینکه آن تصویر ذهنی تغییر کند، رفتار و عادت‌هایمان نیز تغییر خواهند کرد.

او در کتابی که در این رابطه منتشر کرد اشاره می‌کند که طرح‌های اولیه تصویرذهنی در دوران کودکی زده می‌شوند و مجموعه رفتاری که در خانه و مدرسه با کودک می‌شود تصویرهای ذهنی او از خود و دیگران را به‌تدریج شکل می‌دهد. ما تصویرهایی که از خود و از دیگران در ذهن داریم را معمولا به اشکال مختلف بیان می کنیم: من در ریاضی خوب نیستم، حافظه خوبی ندارم، و... او خسیس است، دروغ‌گو است، و.... این گفته ها نشان می‌دهند که ما چه تصویرهایی را در در بخش‌های اتوماتیک مغز (ناخودآگاه) قرار داده‌ایم.

تصویرهای‌ذهنی و گفتگوهای‌درونی، دو ابزار مؤثر در ایجاد و تقویت الگوهای ذهنی ما است، الگوهایی که بر اساس آن‌ها قضاوت کرده و روابطمان را شکل می‌دهیم. ما شبانه‌روز و در هر لحظه در حال تکرار و تجدید کردن این تصاویر هستیم، تصاویری که منبع تغذیه مهمی برای تصمیم‌های ما هستند. تصویرسازی‌های ذهنی و گفتگوهای درونی، انعکاسی از زندگی اجتماعی ما در مغزمان است. ما به کمک آن‌ها به ارزیابی موقعیت و روابط اجتماعی خود پرداخته و به بازسازی مهارت‌های اجتماعی بطور ذهنی می‌پردازیم.

در گفتگوهای درونی، همواره، در حال تعریف مجدد خود و دیگران هستیم. در این گفتگوها، جدل می‌کنیم، استدلال می‌کنیم، توجیه می‌کنیم، قانع می‌شویم، قانع می‌کنیم، فرار می‌کنیم، می‌ترسیم، فریاد می‌زنیم، برنده می‌شویم، می‌بازیم، مقاومت می‌کنیم و می‌جنگیم... و نمی‌دانیم همین گفتگوها و تصویرسازی‌های به‌ظاهر کم‌اهمیت چگونه به‌تدریج به الگوهایی قدرتمند و

خودکار تبدیل می‌شوند که به هنگام مشکلات زندگی و یا در شرایط دشوار زندان خود را نشان می‌دهند.

معمولا اکثر افراد تاثیرات گفتگوهای درونی و تصویرسازی‌های ذهنی را چندان جدی نگرفته و آن‌ها را تخیلات ذهنی و یا ذهنیت‌های غیرمادی می‌دانند. در حالی‌که باید دانست در مغز هیچ چیز غیرمادی وجود ندارد. هر چیزی که در مغز می‌گذرد اثر مادی خود را در جایی می‌گذارد. گفتگوهای درونی و تصویرهای ذهنی نیز فرآیندهایی کاملا مادی در مغز بوده که از حافظه و الگوهای خودکار تاثیر گرفته و بر آن‌ها تاثیر متقابل می‌گذارند.[1]

این که گاه تکرار یک کلمه و یا یک تصویر در ذهن چگونه می‌تواند مدارهای مختلف مغز ما را بیدار کرده و الگوهایی را فعال کنند که باعث تغییرات جدی در تصمیم‌ها و واکنش‌های افراد شوند را کسانی می‌دانند که در شرایط سخت زندان و شکنجه توانسته‌اند با یک نهیب درونی (گفتاری و یا تصویری) از احتمال لغزش خود از مسیر پایداری پیش‌گیری کنند.

این‌گونه نهیب‌های درونی، که در همه افراد ظهور نمی‌کند و در صورت بروز دارای کیفیت و شدت متفاوتی هستند، ریشه در قسمت‌های مختلف و عملکردهای گوناگون مغز داشته و از هویت اجتماعی، الگوهای بنیادین و الگوهای خودکار (معروف به ناخودآگاه) تغذیه شده و در چنین شرایط خاص، به ناگاه جوانه می‌زند. جوانه‌ای که ممکن است رشد کند و در پایداری فرد

---

[1] با شیوه‌هایی می‌توان گفتگوهای درونی و تصویرهای ذهنی را مهار کرد و بر کارکرد مغز و مدیریت آن تاثیر گذاشت. این‌گونه کنترل‌ها، چه به‌صورت مدیتیشن باشد و یا خودهیپنوتیزمی، می‌توانند تصویرهای ما از خود را تغییر داده و یا بخشی از مدیریت مغز را بهینه کنند.

زندانی نقشی اساسی از خود نشان دهد.

وجود هویت اجتماعی مشخص و الگوهای قدرتمند باور و ارزش می‌توانند افراد را به تصمیم‌گیری‌های هدفمند هدایت کنند.[1]

گاه هدف، خود یک تصویر ذهنی است که اگر کاملا روشن و مشخص باشد می‌تواند به عنوان یک الگوی بنیادین، بر بسیاری از تصمیم‌های بعدی اثر بگذارد.

تصمیم‌گیری هدفمند را می‌توان یک نوع مهم و قابل بحث تصمیم‌گیری در زندان سیاسی دانست که اگر به اندازه کافی برای آن‌ها روشن و مشخص باشد میتواند الگوهای دیگر را فیلتر و یا هدایت کند. منظور این است که در تصمیم های هدفمند، هر الگویی که در جهت آن هدف نباشد نادیده گرفته می‌شود، حتی اگر به‌طور موقتی باشد. یک نمونه آن را در مثالی که از کتاب اوریانا فالاچی آورده شد دیدیم.

این که هدف چگونه شکل می‌گیرد خود بحث دیگری است اما بدون هیچ شکی از محتویات حافظه تغذیه شده و از ترکیب الگوهای مختلف باورها و ارزش‌ها تشکیل یافته و خود تبدیل به الگوی بزرگ قدرتمندی می‌شود که به

---

[1] گفته می‌شود که احتمالا مناطقی در فرونتال کورتکس مانند دورسال و روسترا (Rostra Lateral) در ارتباط با اینسولا می‌توانند در تصمیمگیری های هدفمند و برنامه ریزی ها نقش داشته و برنامه‌های متمرکز بر هدف مشخصی را پی گیری کنند. در آزمایشهای غیرانسانی یی که در بخشهای روانی برخی از کشورها به عنوان درمان انجام می‌شده با فرو کردن میله فلزی اقدام به قطع ارتباط فرونتال با بقیه قسمتهای مغز می‌کردند. در نتیجه بیماران مورد آزمایش تبدیل به موجودات ناتوان و بی حافظه‌ای می‌شدند که قادر به هیچگونه برنامه ریزی و یا حتی داشتن اهداف خیلی کوچک نیز نبودند.

بسیاری از تصمیم‌های بعدی جهت می‌دهد. این نوع الگوها می‌توانند نقش بسیار مهمی در تصمیم‌گیری‌ها به‌ویژه در شرایط زندان و شکنجه ایفا کنند.

به‌عنوان یک نمونه مشخص می‌توان از الگوی ذهنی جاافتاده‌ای به نام "مبارزه با امپریالیسم" در زندان‌های سیاسی دهه شصت نام برد. بازجوها با آگاهی از قدرت این الگو اقدام به تضعیف و یا مخدوش و مبهم کردن آن می‌کردند تا بتوانند سیستم دفاعی فرد زندانی را در هم بشکنند. بازجوها صرفا به شکنجه های مختلف اکتفا نکرده و از هر شیوه‌ای که در شکستن زندانی می‌توانست به آنها کمک کند استفاده می‌کردند. کسانی که نیروی مقاومتشان صرفا از الگوی "مبارزه ضدامپریالیستی" تغذیه می‌کرد در برخورد با بازجویانی که می‌توانستند به آن‌ها ثابت کنند که حکومت هم ضدامپریالیست است خلع سلاح می‌شدند. این روش در برخی موارد، حتی بر کسانی که تجربیات قبلی زندان و شکنجه را داشتند نیز تاثیر می‌کرد. برخی از افراد می‌توانستند از الگوهای ثابت دیگری مانند حفظ غرور و شخصیت خود، یا وجود روابط عاطفی در ذهن، و یا تصویر کردن پاسخگویی‌های آینده و.... کمک گرفته و پایداری خود را تغذیه کنند. اما کسانی که الگوهای مشخص و ثابت نداشتند بیشتر از دیگران دچار آشوب‌های ذهنی شده و بین بخش‌های مختلف مغز آن‌ها تقابل و درگیری‌های شدیدی به وجود می‌آمد.

شکستن الگوهای بنیادین افراد زندانی یکی از انواع فشارهای روانی در زندان سیاسی است.

فشارهای مختلف روانی، افراد را وادار به تصمیم‌هایی می‌کند که ماهیتا بسیار متفاوت از تصمیم‌گیری‌های عادی و روزمره است و گاهی اوقات می‌تواند بر تصمیمات هدفمند آن‌ها نیز تاثیر بگذارد.

فشار می‌تواند از سوی جمع و گروه خودی باشد که به‌طور مستقیم و غیرمستقیم به منظور وادار کردن فرد به پذیرش ایده جمعی اعمال شده تا او نهایتا به ترک گروه و یا ماندن و چشم پوشی از ایده های خود واداشته شود. (که در بخش هویت اجتماعی به آن اشاره شد) اما فشارهای زندان و زندانبان چیز دیگریست. در این نوع فشارها از انواع شکنجه‌ها و روش‌های مغزشویی استفاده شده و بیشترین استرس ممکن را بر افراد وارد می‌آورند تا مقاومت آنها را در هم بشکنن د.

این که این فشارها چگونه بر یک نفر اثر گذاشته و بر دیگری نه، بستگی به شرایط و پارامترهای متعددی دارد که از یک سو به شدت و نوع فشار و شکنجه از جانب زندانبان، و از سوی دیگر به مجموعه فرآیندها و پروسه هایی که در مغز زندانی جریان دارند مربوط میشود. این موضوع را نمیتوان فرموله کرد و چنین قصدی هم نیست اما برای بیان روشن‌تر آن شاید بشود این‌گونه گفت که پایداری‌های زندان سیاسی بستگی دارد به تناسب میان شرایط دشوار (یعنی شدت و نوع فشار از سوی زندانبان) و کیفیت هویت اجتماعی مشخص و الگوهای ثابت در مغز افراد زندانی. کیفیت هویت اجتماعی و الگوهای ثابت در مغز افراد زندانی باید دارای چنان قدرتی باشد که بتواند آمیگدالا و مکانیسم بقا را مهار کند. باآنکه توان بیولوژیکی ما یک عامل موثر به هنگام پایداری‌هاست اما نقش پارامترهای اجتماعی و الگوهای قوی در تصمیم‌گیری‌های زندان نه‌تنها کم اهمیت‌تر نبوده بلکه گاه در شرایط خاص حضوری پر رنگتر از خود نشان می‌دهند.

تصمیم‌ها چه در نتیجه مقایسه وتحلیل باشند و چه همگام با هدفی که از قبل در مغز ما ایجاد شده است، به دلیل اطلاعات اکنون و یا بررسی آزمون وخطا

همواره امکان تجدیدنظر در آن‌ها وجود دارد.

متغیرهای بسیاری وجود دارند که بر تصمیم‌گیری‌های ما اثر گذاشته و یا آن را تغییر می‌دهند. گاه یک فرد می‌تواند ما را نسبت به چیزی آگاه و قانع کرده و ما تصمیم دیگری بگیریم. ممکن است به تصمیم‌گیری انتقامی و تلافی‌جویانه، صرفا به‌قصد پاسخ به اقدام ناخوشایندی که فردی نسبت به ما کرده مبادرت ورزیم. گاه در نتیجه تحقیق و کسب اطلاعات بیشتر، تصمیم‌های بعدی خود را تغییر می‌دهیم. گاهی اوقات یک تصمیم اشتباه ما را به یک‌سری تصمیم‌های جبران‌کننده می‌کشاند تا اشتباه گذشته را اصلاح و یا حداقل آن را از دید دیگران مخفی کنیم. تصمیم‌گیری‌های عادتی را نیز می‌توان در رفتار روزمره و تکراری انسانها به‌وفور دید.

تصمیم‌گیری مقایسه‌ای (و یا به قول عده‌ای، تحلیلی) یعنی بررسی و مقایسه احتمالات مختلف و سود و زیان‌ها و در نهایت برگزیدن یکی از آن‌ها به عنوان بهترین احتمال ممکن. زندانی سیاسی در بیشتر اوقات در حال بررسی و مقایسه است که چه چیزی را بگوید و یا نگوید، چه کار بکند یا نکند. او با سبک و سنگین کردن انواع احتمالات سعی می‌کند تا با ایجاد کمترین مشکل برای خود و دیگران بتواند فشارهای زندان و زندانبان را کاهش دهد. این‌گونه تحلیل‌ها احتیاج به اطلاعات دارند و ما هرچه اطلاعات بیشتری در اختیار داشته باشیم بررسی‌های دقیق‌تری خواهیم داشت. از این رو کسب اطلاعات در زندان سیاسی امری است مهم و حیاتی. آگاهی درباره شرایط مختلف زندان و شکنجه، چگونگی بازجویی، آگاهی از مقدار اطلاعاتی که هم‌پرونده‌ای در اختیار بازجو گذاشته است و بسیاری اطلاعات مختلف دیگر می‌توانند در محاسبات ما وارد شده و باعث تغییر در تصمیم‌ها و واکنش‌های ما شوند.

مغز ما، به‌عنوان مدیر چاره‌ای بجز تصمیم‌گیری ندارد، چه در میان جمع باشد و یا در تنهاترین لحظات سلول انفرادی، چه برای انتخاب نوع غذا باشد و یا در شرایط دشوار زندان و شکنجه. اما در مواجهه با شرایط جدیدی که تجربه قبلی وجود نداشته و الگوی واکنشی مناسب را در مغز خود نساخته‌ایم، دچار بحران تصمیم‌گیری و بی‌قراری می‌شویم. و همین بی‌قراری ما را مجبور به گرفتن تصمیمی در اسرع وقت می‌کند. در نهایت تصمیمی گرفته می‌شود که سرنوشت و آینده ما را رقم زده و هویت جدیدی از ما می‌سازد.

تصمیم‌گیری در شرایط ویژه زندان و شکنجه، وابستگی بیشتری به الگوهای بنیادینی دارد که در بطن روابط اجتماعی خاصی که داشته‌ایم شکل گرفته و تثبیت شده‌اند.

پایداری در زندان از سویی جنبه‌های مختلف خودکنترلی را نشان می‌دهد و از سوی دیگر هویت اجتماعی ما را بیان می‌کند. عدم پایداری در زندان و شکنجه در نزد برخی می‌تواند به معنای مخدوش شدن هویت اجتماعی او باشد، امری که برای برخی، راحت‌تر پذیرفته می‌شود و برخی بسیار مشکل‌تر.

به نظر می‌آید که علت تفاوت آن ۴۰ درصد انسان‌ها با بقیه افراد در آزمایش‌های میلگرم (که در بخش چهارم به آن اشاره شد) را می‌توان در هویت اجتماعی و الگوهای مغزی آن‌ها یافت.

تجربیات گذشته از این نظر مهم هستند که مجموعه‌ای از تصمیم‌های غلط و درست ما را در خود ثبت کرده‌اند. هر تصمیم و نتیجه‌اش، به اطلاعاتی تبدیل می‌شوند که در تصمیم‌گیری‌های بعدی به‌کار گرفته می‌شوند. بنابراین تصمیم گیری یک روند ادامه دار است و لایه‌های مختلفی دارد که هرکدام بخشی از

مغز را درگیر می‌کند.

تصمیم‌گیری یک فرآیند است، فرآیندی که صرفا در جهت یافتن واکنش مناسب خلاصه نمی‌شود بلکه آن‌ها را می‌آموزیم و خطاهای محاسباتی خود را به خاطر می‌سپاریم. معمولا تصمیم‌گیری‌هایی که بر اساس پیش‌بینی انجام می شوند همیشه درست از آب در نمی‌آیند. در این میان فیدبک نقش مهمی بازی می‌کند. پس از اجرا شدن یک تصمیم، تمام حواس و حسگرها فعال می‌شوند تا با ارسال فیدبک به مغز کمک کنند تا بفهمد نتیجه چه بوده و آیا راضی کننده هست یا نه.

فیدبک‌ها را شاید بتوان یکی از پارامترهای تعیین‌کننده هم در مکانیسم الگوسازی و هم در پروسه اتوماتیک‌سازی مغز دانست زیرا با درنظر گرفتن فیدبک‌ها است که سطحی از توجه فعال می‌شود. فیدبک را می‌توان یکی از مهم‌ترین عوامل یادگیری دانست که باعث میشود مغز ما تا رسیدن به نتیجه راضی کننده، تصمیم‌ها و واکنش‌ها را متوقف نکند (مگر آن که دچار اختلالاتی مانند افسردگی باشد). مغز می‌خواهد مناسب‌ترین گزینه را با کم‌ترین هزینه بدست آورد. نقش الگوهای موجود و تصمیم‌های خودکار در این مساله بسیار مهم است، زیرا انرژی مهم است.

چگونگی توزیع انرژی به قسمت‌های مختلف مغز تاثیری مهم در تصمیم‌گیری‌ها و رفتار ما دارد، بسیار مهمتر از آن که تصور می‌شود.

مغز و انرژی

مساله کمبود انرژی یکی از بزرگ‌ترین نگرانی‌های مغز است.[1]

مغز را به این دلیل گرسنه‌ترین ارگان بدن می‌نامند که نیازی بدون وقفه به انرژی دارد. این عضو دو درصدی، به‌تنهایی بیش از بیست درصد از کل انرژی بدن را مصرف می‌کند.

مغز، مسئولیت توزیع مناسب انرژی به تمام نقاط بدن و من‌جمله به خود را بر عهده دارد. در میان تمام اعضا و ارگان‌های بدن، نیاز دائمی سیستم عصبی و بخصوص مغز به انرژی، در خواب و بیداری، یک مساله بسیار حساس و سرنوشت‌ساز است. بدون انرژی لازم برای سیستم عصبی، کارایی آن مختل و یا تعطیل شده، سیگنالی تولید و منتقل نشده و هیچ ارتباطی بین سلول‌ها برقرار نخواهد شد، و بسیاری از فعالیت‌های حیاتی از کار خواهند افتاد. بدون مدیریت و فرمان‌های اجرایی مغز، ما قادر به ادامه زندگی نخواهیم بود. به این دلیل است که روند توزیع انرژی در بدن، تحت مدیریت قاطع مغز قرار دارد. نیاز شبانه‌روزی مغز به انرژی و گردش یکنواخت و همیشگی متابولیکی در مغز، یک اصل بنیادی برای مدیریت آن و کارکرد بهینه بدن است.

حساسیت مغز به انرژی و دریافت بی‌وقفه مواد موردنیازش را می‌توان عاملی کلیدی در بسیاری از اعمال غیرارادی مانند اضافه‌خوری دانست. به‌محض کاهش میزان انرژی فرمان‌هایی صادر می‌شوند که ما را به خوردن و ذخیره کردن وا می‌دارند. با این که تمام یافته‌های علمی، اضافه‌خوری افراد را شیوه

---

[1] منظور از انرژی، کلیه مواد مورد نیاز بدن است: گلـوکز، پـروتئین‌هـا، کربوهیـدرات‌هـا، ویتامین‌ها، چربی‌ها، آب، اکسیژن و...

نامناسبی در زندگی شهری امروزه دانسته و تقریبا همه انسان‌ها نیز می‌دانند اضافه‌خوری و چاقی می‌تواند منشأ بسیاری از بیماری‌های قلبی-عروقی، دیابت و حتی سرطان باشد، اما با این حال بیشتر آن‌ها قادر به کنترل اضافه‌خوری‌های خود نیستند. علت اصلی، نگرانی‌های همیشگی مغز آن‌ها از کمبود غذا و اصرار بر ذخیره‌سازی است. احتمال زیاد دارد که این نگرانی، با کم‌کاری و یا بدکاری باکتری‌های روده آن‌ها مرتبط باشد که قادر به تامین نیازهای مغز نیستند. علت هر چه که باشد نگرانی‌های همیشگی مغز درباره کمبود انرژی را می‌توان یکی از فوبیاهای بسیار رایج امروزه دانست.

در صورت عدم دسترسی به غذا و کاهش مواد غذایی موردنیاز مغز، برنامه‌های خودکار اقدام به کند کردن متابولیسم کرده و باعث کاهش فعالیت‌های بیشتر ارگان‌ها می‌شود. به همین دلیل است که پایین آمدن سطح انرژی در مغز باعث کاهش فرآیندهایی مانند توجه، حافظه و یادگیری می‌شود. بی‌حوصلگی‌ها نیز یکی از علائم محسوس کاهش متابولیسم مغز است.

اگر فقر غذایی همچنان ادامه پیدا کرده و مغز قادر به تأمین حداقل انرژی موردنیاز خود نباشد، مغز ما اقدام به قربانی کردن قسمت‌های کمتر حیاتی‌تر بدن به نفع خود کرده و از آن‌ها تغذیه می‌کند.

گفته می‌شود که نیمی از انرژی مغز را انواع سلولهای گلیال مصرف می‌کنند و نیمه دیگر را انواع مختلف نورون‌ها. و طبیعی است که هر چه فعالیت انواع نورون‌ها بیشتر شود انواع سلولهای گلیال نیاز بیشتری به فعالیتهای ترمیمی، پاک‌سازی و بازسازی مغز خواهند داشت.

با توجه به فعالیت‌های ارتباطی بسیار گسترده و چندجانبه بین بیش از صد

میلیارد سلول، مغز را می‌توان پرجمعیت‌ترین و پرکارترین مجموعه‌ای دانست که در جعبه نسبتا کوچک جمجمه قرار گرفته و بزرگ‌ترین تاثیرات را از خود بجا می‌گذارد. و با وجود بهترین مدیریتی که در صرفه‌جویی انرژی وجود دارد، ارتباطات چندهزارمیلیاردی سیناپس‌ها در شبکه‌های مختلف آن‌چنان پرمصرف هستند که مسئله انرژی را به یکی از مهم‌ترین مشغولیات مغز، به‌عنوان مدیر اجرایی، تبدیل کرده است. گاه یک کارکرد نسبتا ساده مغز می‌تواند میلیون‌ها سیناپس را درگیر کند. به دلیل آن‌که مغز به بحران انرژی دچار نشود، هیچ‌گاه همه ارتباطات سیناپسی به‌طور هم‌زمان فعال نمی‌شوند. بیشترین انرژی مصرفی فعالیت‌های سیناپس‌ها در تبادل‌ها و همچنین شارژهای بیوالکتریکی-شیمیاییِ‌ای است که در بافت خاکستری مغز انجام می‌شوند.[۱]

با این که تعداد سیناپس‌های فعال همواره در حال تغییر است اما تخمین زده می‌شود که روزانه حدود صد تریلیون اتصال سیناپسی برقرار شود و این در حالی است که فعالیت روزانه هر یک میلیارد سلول عصبی به حدود ۶ کیلوکالری احتیاج دارد. به این دلیل روشن، در موقعیت‌های مختلف، فقط بخش‌های خاصی از مغز دارای فعالیت بالا خواهند بود. مثلا به هنگام خطر،

---

[۱] از نظر ساختاری، مغز دارای دو بافت سفید و خاکستری می‌باشد. بافت سفید از مجموعه اکسونها (Axon) تشکیل شده، با پوشش‌های ملین (Myelin) که از نشت بارهای الکتریکی به بیرون جلوگیری می‌کنند، و بافت خاکستری با داشتن دندریت‌ها (Dendrite)، بدنه سلول‌ها و سیناپس‌ها (Synapse) را تشکیل می‌دهد. بافت خاکستری تقریبا چهار برابر بیشتر از بافت سفید به مصرف انرژی نیاز دارد. بیشتر از ۸۰ درصد سلول‌های مغز از نوع وادارنده (Excitatory) بوده و اکثر آن‌ها از خود هورمون گلوتامات (Glutamate) منتشر می‌کنند (که یک نیاز اساسی در پردازش‌های اطلاعات دریافت شده در مغز است). این مجموعه نیز مصرف انرژی بالایی را طلب می‌کند.

قسمت‌هایی از لیمبیک سیستم دارای بیشترین فعالیت شده و به هنگام برخورد به مسائل اجتماعی، بخش‌هایی از نیوکورتکس بالاترین مصرف را به خود اختصاص می‌دهند.

به‌عنوان یک اصل کلی، میزان نیاز و یا مصرف انرژی بستگی دارد به تعداد سلول‌های درگیر و ارتباطات سیناپسی و ترافیک بین آن‌ها.

استدلال کردن، حل مشکل، تمرکز و یادگیری از مواردی هستند که به دلیل فعالیت هم‌زمان تعداد زیادی از مدارهای مغز، انرژی فراوانی مصرف می‌کنند. مغز برای کاهش مصرف انرژی، دارای مکانیسم‌های ویژه‌ایست. یکی از روش‌های طبیعی کاهش مصرف، عدم استفاده همزمان قسمت‌های مختلف است. با این روش معمولا تمام بخش‌های مغز به‌طور هم‌زمان مشغول به فعالیت نمی‌شوند و هر قسمت فقط به نسبت فعالیتی که می‌کند از انرژی سهم می‌برد.

روش‌های دیگر صرفه‌جویی در مصرف انرژی را باید در مکانیسم‌های الگوسازی و اتوماتیک‌سازی مغز جست. در بخش حافظه و الگو به این روش‌ها اشاره شد.

رابطه بین متابولیسم و فعالیت‌های مداری و شبکه‌ای مغز، مبحث بسیار پیچیده‌ایست اما به‌طورکلی می‌توان گفت وجود پروسه‌های پرمصرف، مغز را نگران می‌کند. عدم تمایل برخی از افراد نسبت به فرایندها و پروسه‌های پرمصرفی مانند تصمیم‌گیری‌های محاسباتی، به علت استرسی است که در مغز آن‌ها ایجاد می‌شود.

نحوه توزیع انرژی در قسمت‌های مختلف مغز و یا حتی پیش‌بینی کمبود انرژی را می‌توان ملاکی دانست بر چرایی برخی از تصمیم‌گیری‌ها.

تصمیم‌گیری‌های آنی پروسه‌ای است سریع و لحظه‌ای که فرد به خود کمترین زحمت تحلیل، مقایسه و پیش‌بینی را نمی‌دهد.

به دلیل روش‌های صرفه‌جویانه مغز است که بسیاری از تصمیم‌گیری‌های ما صرفا محدود می شوند به گذراندن امور و نه بیشتر.

احتمال تصمیم‌گیری‌های زودانگیخت در کسانی که مغزشان با کمبود انرژی روبرو است بیشتر است زیرا پروسه بررسی‌های استدلالی و آینده‌نگر به انرژی فوق‌العاده‌ای نیاز داشته و به گفته خود افراد، مغزشان را خسته می‌کند.[۱]

انتظارِ داشتن تحلیل دقیق امور از مغزی که دچار کمبود و یا نگران کمبود انرژی است انتظاری بی‌جا است.

حساسیت مغز نسبت به انرژی حتی در بسیاری از روابط اجتماعی ما نیز خود را نشان می‌دهد. به‌عنوان مثال ما همواره در حال اسکن کردن اطرافیان خود بوده و کسی را برای ارتباط انتخاب می‌کنیم که هنگامی که با او هستیم مغزمان انرژی کمتری صرف کرده و اطلاعات بیشتری دریافت کند.

اطلاعاتی که به انواع مختلف، از درون و بیرون، به‌سوی مغز ارسال و در آنجا ذخیره می‌شوند همواره در حال تغییر بوده و مغز مجبور است برای مدیریت بهینه و یافتن روش‌های سازگاری-واکنشی مناسب، به‌طور مرتب دست به تغییرات در ساختمان کلیه ارگان‌ها و من‌جمله بخش‌های مختلف خود بزند. هر

---

[۱] مشخص شده که حجم آمیگدالا در مغز کسانی که زودانگیخت (Impulsive) بوده، توانایی خودکنترلی کمتری داشته، واکنش‌های سریع احساسی می‌کنند و کمتر به آینده می‌اندیشند، بزرگ‌تر از معمول است. این یافته‌ها به نقش آمیگدالای بزرگ‌تر، فعال‌تر و حساس‌تر در تصمیم‌گیری‌های آنی و کاهش خودکنترلی در افراد تاکید می‌کنند.

تغییری در ساختار مغز و بدن، بر نحوه توزیع انرژی اثر گذاشته و سهمیه‌های هر بخش را به‌تناسب کارکرد آن‌ها تنظیم مجدد می‌کند.

کیفیت و کمیت اطلاعات موجود در هر بخش از مغز، به‌طور مستقیم، در انتشار هورمون‌های مختلف و در نحوه خون‌رسانی به بخش‌های مختلف مغز دخالت می‌کند. به‌عنوان مثال می‌توان از انتشار زیاد و مکرر دوپامین در بخش‌های مرکزی لیمبیک سیستم به‌ویژه در آمیگدالا گفت که باعث افزایش تمایلات وسواس گونه‌ای مانند او.سی.دی، ای.دی.اچ.دی و حتی تورِت و اوتیسم شده و قابلیت خودکنترلی فرد را تا آنجا کاهش می‌دهد که با دیدن هر محرک لذت و یا خطر، او را به واکنش سریع وا می‌دارد.

هر قسمتی از مغز که حافظه بیشتری داشته باشد، بزرگ‌تر و فعال‌تر بوده و اثر خود در پروسه تصمیم‌گیری را، به اشکال مختلف نشان می‌دهد.

تخیلات، تصویرسازی‌ها و گفتگوهای درونی ما باعث می‌شوند که بخش‌های خاصی از مغز بزرگ‌تر و فعال‌تر شوند. این‌گونه فعالیت‌های ذهنی، مانند ورزش کردن است که باعث تقویت بخش‌های بخصوصی می‌شوند. اگر به نگرانی‌ها اندیشیده و آن‌ها را در ذهن خود بازسازی و تکرار می‌کنیم طبیعتا در حال تقویت آمیگدالا و بیشتر کردن تاثیرات آن بر تصمیم‌گیری‌هایمان هستیم. با کمی دقت به رفتار و نحوه تفکر خود می‌توانیم حدس بزنیم که ما هرروزه به تقویت کدام بخش از مغز خود مشغول هستیم.

تاثیر بخش‌های مختلف مغز در تصمیم‌گیری‌ها بستگی مستقیم دارد به مقدار فعالیتشان و به مقدار انرژی‌ای که دریافت می‌کنند.

شاید بتوان گفت که کیفیت تصمیم‌گیری‌های ما تا حد بسیار زیادی به

جنگ انرژی بین قسمت‌های مختلف مغز بستگی دارد.

یک واقعیت غیرقابل انکار این است که محتوای قسمت‌های مختلف و تناسب آن‌ها با یکدیگر منجر به ساختار متفاوت مغز و رفتار متفاوت انسان‌ها می‌شود.

اگرچه ما هنوز آگاهی چندانی نسبت به کارکرد بخش‌های مختلف مغز، به ویژه چگونگی مکانیسم تصمیم‌گیری نداریم و همین کمبود اطلاعات شاید بتواند خود دلیلی باشد بر این‌که نتوانیم بطور قطعی درباره ارادی یا غیرارادی بودن تصمیم‌گیری صحبت کنیم. اما به نظر می‌آید که ارادی بودن تصمیم گیری‌ها در زندان نیز یکی از مسایلی است که ذهن بسیاری از زندانیان سیاسی را درگیر کرده باشد. از این رو در بخش بعد، وارد بحث قدیمی جبر-اختیار شده و می‌پرسیم که آیا این موضوع که "من تصمیم می‌گیرم" یک توهم است یا نه. اما باید توجه داشت که پرداختن به این موضوع برای یافتن یک جواب قانع کننده برای همه نیست بلکه در ادامه مسیری است که در این کتاب پیموده‌ایم و ما را از ورود به آن، گریزی نیست.

بخش نهم: اراده آزاد

جبر ها و اختیارها، مرزهای توانستن ما را تعریف می‌کنند.

"جبر و اختیار" و یا "اراده آزاد" بحثی است قدیمی. بیش از دو هزار سال است که موضوع مختار و مسول بودن انسان، به اشکال و عناوین مختلف، به‌ویژه از نگاه مذهب و فلسفه، مورد بحث و بررسی قرار گرفته و نظریات متنوعی ابراز شده است، اما از قرن هفدهم میلادی و همراه با عصر روشنگری در اروپا، به‌طور جدی‌تر مورد کنکاش قرار گرفته و از قرن بیستم میلادی است که با ورود علم به این موضوع، ما شاهد نظریات مشخص‌تری مبتنی بر یافته‌ها، تحقیقات و آزمایش‌های تجربی هستیم.

هر یک از نظریاتی که در طول تاریخ بلندمدت این بحث ارائه شده است طرفدارانی داشته و استدلال‌ها و گاه نمونه‌ها و شواهدی نیز ارائه شده‌اند. در خلاصه‌ترین شکل ممکن و بر اساس پاسخ‌های ارائه شده درباره جبر و اختیار، به سه گروه کلی می‌رسیم:

اختیارگرایی (Libertarianism)

جبرگرایی (Determinism)

سازگارگرایی (Compatibilism)

البته هر یک از این موارد بالا به زیرمجموعه‌هایی نیز تقسیم شده‌اند که با تفاوت‌های اندک به طرح موضوع می‌پردازند اما در این‌جا قصد بررسی کلیه نظریات و تاریخچه آن‌ها نیست و با اشاره‌ای بسیار گذرا ادامه می‌دهیم.[۱]

اختیارگرایان، به وجود اراده آزاد در انسان باور داشته و آن‌ها را صاحب اختیار و انتخاب می‌دانند. برخی از اختیارگرایان "روح" و برخی دیگر "ذهن" را عامل محرکه انتخاب آزاد می‌دانند. بسیاری از فیلسوف‌های مذهبی که به مختار و مسول بودن بشر در انتخاب بین خیر و شر باور داشته و آن‌ها را از رفتن بسوی خطا و گناه برحذر می‌دارند گاه مجبور می‌شوند به جبری بودن انسان نیز اذعان کنند زیرا که سرنوشت آن‌ها امری است مقدر و از پیش تعیین شده توسط خالق.

انواع جبرگرایان معتقد هستند که همه امور بر اساس رابطه علت و معلول به پیش می‌رود و به همین شکل اعمال و کردار انسان، جبری است و اراده آزاد و اختیار در او وجود ندارد. آن‌ها معتقد هستند که تصمیم‌ها و واکنش‌های انسان در شرایط مشخص، قابل تغییر نیستند. تصمیم‌گیری امری اجباری و غیر ارادی است زیرا به علل مشخص ایجاد شده است. جبرگرایان، چه از نوع مذهبی یا فلسفی باشند و چه کسانی که به یافته‌های علمی استناد می‌کنند، به‌طورکلی باور دارند که هر چه من امروز انجام می‌دهم شرایطش از قبل فراهم و اجرایش تعیین شده است و در نتیجه من تصمیم دیگری نمیتوانم بگیرم. بر

---

[۱] تقسیم‌بندی‌های دیگری مانند (Phenomenalism, Randomalism, Reductionism،) مطرح می‌شوند که درواقع آن‌ها را می‌توان به‌عنوان زیرمجموعه یکی از این سه مورد کلی اشاره شده دانست.

اساس برخی از نظریه‌های جبرگرایانه، بویژه در جبرگرایی علمی لاپلاس (Pierre-Simon Laplace) ریاضیدان، فیزیکدان و فیلسوف فرانسوی، رفتار و واکنش انسان‌ها در شرایط مشخص، با محاسبات دقیق قابل پیش‌بینی است.[۱]

اختیارگرایی و جبرگرایی، دو جنبه نسبتا قطعی از اراده آزاد را نشان داده و را حلی سیاه یا سفید ارائه می‌دهند. آیا راه حل میانه‌ای وجود ندارد که بشود هم به جبر باور داشت و هم به اختیار؟ سازگارگرایان می‌گویند که می‌شود.

سازگارگرایان، دو نظریه بالا را با یکدیگر سازگار دانسته و باور دارند که جبرگرایی و اختیارگرایی مطلق وجود نداشته و انسان موجودی است که در شرایطی مجبور و در شرایط دیگر مختار است. بنا بر نظریه غالب سازگارگرایی، انسان تا زمانی که تحت فشار و اجبار و محدودیت نباشد، آزاد و مختار است.

اما افرادی مانند ویلیام جیمز (William James) فیلسوف و فیزیولوژیست آمریکایی در تقسیم‌بندی‌های خود فقط به دو دسته جبرگرایی و اختیارگرایی باور داشته و سازگارگرایی را نوعی "جبرگرایی ملایم" می‌داند. نیکلاس مکسول (Nicholas Maxwell) فیلسوف انگلیسی می‌پرسد آیا اصلا سازشی بین جبرگرایی و اختیارگرایی می‌تواند وجود داشته باشد؟ آیا اراده آزاد فرد و جهان جبری (بر اساس دانش امروز) می‌توانند در یکجا جمع شوند؟ او قوانین حاکم بر انسان را اساسا چیزی متفاوت از قوانین علمی حاکم بر جهان می‌داند.

---

[۱] دارسی تامپسون (D'Arcy Wentworth Thompson) زیست شناس و دانشمند اسکاتلندی، در آستانه جنگ جهانی اول مشغول به نگارش کتابی می‌شود با بیش از ۱۱۰۰ صفحه تا توضیح دهد که چگونه ساختار ارگانیسم زنده مطابق با قوانین فیزیک و ریاضی است.

فارغ از این که اصلا می‌توان سازگارگرایی را شاخه مستقلی در بحث جبر و اختیار دانست یا نه، اکنون پس از گذشت قرن‌ها بحث و جدل به نظر می‌آید که سازگارگرایان حرف بیشتری برای گفتن داشته باشند. در میان آن‌ها طیف وسیعی از فیلسوفان و متفکرانی قرار دارند که برخی به جبرگرایی و عده‌ای به اختیارگرایی نزدیک، اما با آن‌ها یکی نیستند. مشهورترین نظریاتی که از سوی سازگارگرایان ارائه شده را می‌توان در نزد دیوید هیوم (David Hume)، توماس هابز (Thomas Hobbes) و گوردون فرانکفورت (H Gordon Frankfurt) یافت که کم‌وبیش دارای تشابهاتی با یکدیگر می‌باشند. گوردون فرانکفورت می‌گوید انسان در آنجا که می‌تواند تصمیم دیگری گرفته و رفتار متفاوتی انجام دهد دارای اختیار بوده و مسئول است اما در جایی که برایش فقط امکان یک تصمیم و رفتار بوده و امکان انتخاب وجود نداشته باشد، دارای اختیار نبوده و اسیر جبر است. توماس هابز می‌گوید که ما در همه امور دارای اختیار هستیم به‌جز در مواقعی که عوامل درونی و بیرونی در تصمیم‌های ما دخالت کرده و ما را در اجبار قرار می‌دهند. دیوید هیوم نیز با دفاع از رابطه علت و معلول در رخدادها و واکنش‌های انسان، معتقد به اختیار بود ولی تاکید می‌کند که اختیار ما در محدوده علیت‌ها است.

در نظر این افراد، شرایط بسیار تعیین کننده است و استدلالی که ارائه می کنند این است که: اراده آزاد آنجا معنا پیدا می‌کند که چند امکان و گزینه وجود داشته و انتخاب فرد از بین آن‌ها به عنوان یک تصمیم‌گیری مطرح باشد. اگر فقط یک گزینه، تنها امکان موجود باشد دیگر این بحث معنایی نخواهد داشت.

جان مارتین فیشر (John Martin Fischer) فیلسوف آمریکایی، شرایط

تعیین کننده را با اصول اخلاقی گره زده و با طرح ایده فرا-سازگارگرایی (Meta-Compatibilism) می‌گوید که ما به آن مفهوم سنتی دارای اراده آزاد نبوده اما از نظر اخلاقی مسئول و پاسخگو هستیم. و در مقابل او، فیلسوفانی همچون بروس والر (Bruce Waller) و مانوئل وارِیاس (Manuel Vargas) با آنکه می‌پذیرند که انسان تا حدی دارای آزادی انتخاب بوده و خودمختار است ولی نقش مسئولیت اخلاقی را نیز کاملا مردود می‌شمارند.

گِیلن استراسان (Galen John Strawson) اساسا فیلسوف انگلیسی از افرادی است که با طرح مساله "اراده آزاد" به این صورت مخالف بوده و می‌گوید که مشکل اساسی "اراده آزاد" در سازش‌ناپذیری منطقی‌اش با "مسئولیت مطلق" است. ریچارد دابل (Richard Double) نیز اراده آزاد را جمع غیرمنطقی دو مفهوم متضاد "اراده" و "آزاد" می‌داند.

مواردی که برشمرده شد نمونه بسیار اندکی بود از انبوهی گفته و نوشته در این زمینه. با نگاهی به قرن‌ها بحث و ارائه نظریات متفاوت، می‌توان مسیری را ترسیم کرد که در آن بر تعداد افرادی که توضیحات فلسفی و روان‌شناسی در این باره را ناکافی دانسته و در جستجوی توضیحات مستند علمی هستند روز به روز افزوده می‌شود. شاید به این دلیل بود که علم فیزیک بتدریج وارد شد و مدیریت این بحث را در دست گرفت.

زمانی که مکس پلانک (Max Planck) در ۱۹۰۱ میلادی با طرح ذره (Quanta) به‌عنوان بنیاد هر چیز، به ارائه مفهوم جدیدی از ذرات و انرژی پرداخت هیچ‌کس تصور نمی‌کرد که جوانه جدیدی در شاخه‌های علم فیزیک زده شده است تا با ارائه "احتمال" و "عدم قطعیت" به فیزیکدان‌ها و دیگر

دانشمندان و محققان کمک کند با عینکی جدیدی به همه چیز، و من‌جمله به فرضیه نیمه‌جان "اراده آزاد" بنگرند. آلبرت اینشتن (A. Einstein) اما با رد احتمالات کوانتوم، جمله‌ای می‌گوید که به‌زودی مشهور می‌شود: "خدا طاس نمی‌ریزد". او درحالی‌که بر قطعیت قوانین بنیادی ریاضی و فیزیک تاکید کرده و تاثیر اشیا بر یکدیگر از فاصله دور را نیز در ذهن دارد، با احتیاط می‌پذیرد که در زیر سطح کوانتوم لایه‌های پنهانی‌ای از واقعیت وجود دارند که اگر کشف شوند ممکن است ما را از شر احتمالات رها کرده و به قوانین قطعی برسانند. در مقابل او فیزیکدانانی همچون ورنر هایزنبرگ (Werner Karl Heisenberg) و نیلز بوهر (Niels Henrik David Bohr) و مکس پلانک قرار دارند که قطعیت را رد کرده و با طرح "رخدادهای تصادفی" می‌گویند که همه امور تحت قوانین طبیعی قرار نداشته و برخی از آن‌ها، تحت تاثیر ذرات بر یکدیگر، فقط رخ می‌دهند.

به گفته راجر پنروز (Roger Penrose) دانشمند، ریاضیدان و فیلسوف انگلیسی که وجود سیاهچاله‌ها را از طریق محاسبات ریاضی اثبات کرد، ریشه اراده آزاد را باید در ساختار کوانتومی مغز جستجو کرد. پدیده‌های ناشناخته‌ای در فیزیک وجود دارند که در صورت کشف می‌توانند اراده آزاد و خودآگاهی را به‌خوبی توضیح دهند. به باور او رابطه‌ای بین کوانتوم و نسبیت عام وجود دارد که مشابه آن را می‌توان در روابط و ساختار مغز یافت. با این همه او اراده و خودآگاهی را قابل محاسبه ندانسته و آن‌ها را چیزهایی فراتر از معیارهای علوم امروز امی‌داند.

نظریه کوانتوم با اینکه به عنوان انقلابی در علم فیزیک معرفی شد و دریچه های جدیدی بر فهم اراده آزاد گشود اما گویا بیشتر از آن که روشن کننده

باشد بر ابهام‌ها افزوده است. هنوز کسی نیست که بتواند ادعا کند نظریه کوانتوم را به‌روشنی فهمیده است.

اروین شرودینگر (Erwin Schrödinger) فیزیکدان اطریشی با آن که به کمک استدلالهای فیزیک آماری و کوانتومی به این نتیجه رسیده بود که اطلاعات ژنتیکی در بسته‌های کوچکی (که بعدها معلوم شد دی.ان.ای بوده) به نسل بعد منتقل می‌شوند، اما باور داشت که حیات و اراده آزاد را نمی‌توان با قوانین شناخته شده فیزیکی توضیح داد.

به نظر می آید که حل این مساله را باید در چگونگی کارکرد مغز یافت.

فعالیت‌های جدی در این مورد به‌تدریج پس از پایان جنگ جهانی دوم شروع شد و سپس به کمک تکنولوژی و ساخته‌شدن دستگاه‌های پیشرفته و امکان تهیه عکس و فیلم از نحوه کارکرد سلول‌های مغز، یافته‌های جدیدی به دست آمد که هیجانی وصف‌ناپذیر در بین علاقه‌مندان ایجاد کرد. از آن زمان تاکنون توجه خاصی بر آزمایش‌های مربوط به کارکرد مغز، تجربیات روان‌شناختی و حتی مساله فرگشت شده و همه به دنبال این هستند تا ببینند که علم درباره انسان و مغزش چه می‌گوید. آزمایش‌های مختلفی در دانشگاه‌های معروف دنیا انجام شده و می‌شوند تا فعالیت‌های مختلف مغز را در رابطه با فرایندهای مهم تصمیم‌گیری، خودآگاهی و اراده آزاد را بررسی و سنجش کنند. نکته جالب این است که بیشتر نورولوژیستها وجود اراده آزاد به هر شکل را رد می‌کنند.

بیولوژیست انگلیسی، تامِس هنری هاکسلی (Thomas H. Huxley) که یکی از بزرگترین مدافعان نظریات تکاملی داروین بود، انسان را یک آگاهِ خودکار

(conscious automata) معرفی کرده و اراده آزاد در این موجود را توهمی بیش نمی‌داند.

پس از او دنیل وگنر (Daniel Wagner) استاد روانشناسی دانشگاه هاروارد با رد چیزی به نام انتخاب آگاهانه یا تصمیم ارادی، آن را صرفا احساسی می‌داند که توجه ما نسبت به تصمیمی که قبلا در مغز گرفته شده ایجاد می‌کند. او می گوید که تصمیم ابتدا در مغز ما اتخاذ شده و ما پس از آن که متوجه آن می شویم احساس و یا تفسیر می‌کنیم که خواست ما باعث آن شده است.

سپس نوبت به بنجامین لیبت (Benjamin Libet) نورولوژیست آمریکایی می‌رسد که با آزمایش‌های خود ادعا می‌کند اراده آزاد وجود ندارد. او درحالی‌که الکترودهایی را به سر افراد آزمایش‌شونده بسته بود تا امواج مغزی‌شان را ثبت کند از آن‌ها می‌خواهد که کاری با دستشان انجام دهند ولی لحظه‌ای که تصمیم می‌گیرند را نیز ثبت کنند. مشخص شد که بین امواج مغزی (یعنی تصمیم در مغز) و ثبت آن‌ها توسط فرد فاصله‌ای کمتر از نیم ثانیه وجود دارد. لیبت از این آزمایش‌ها چنین نتیجه گرفت که اگر ما در زمان تصمیم‌گیری نسبت به آن آگاهی نداریم چگونه می‌توان آن را امری آگاهانه و ارادی دانست؟

او نتیجه آزمایش‌های خود را تحت عنوان "انگیختگی ناخودآگاه سربرال و نقش خودآگاه در واکنش‌های ارادی" در سال ۱۹۸۵ منتشر کرد، و پس از آن نظریه او بنام "پتانسیل آمادگی" و یا "آمادگی بالقوه" (readiness potential) شهرت بسیار یافت و بسیاری از نورولوژیستها با تاکید بر آزمایش‌های بنجامین لیبت ادعا می‌کردند که علم هم ثابت کرد اراده آزاد وجود ندارد.

از آزمایشهای لیبت چنین تفسیر می‌شود که تصمیم‌گیری‌های ما ربطی به

اراده آزاد نداشته و از ناخودآگاه ما منشا می‌گیرند.

پس از آن، آزمایش‌های مشابهی توسط افرادی مانند جان دیلن هاینز (.J D. Haynes) و دیگران انجام شد تا کشف لیبت را تأیید کرده و ثابت کنند که پیش از تصمیم‌گیری، نحوه توزیع و مصرف انرژی و مقدار اکسیژن در قسمت‌های مرتبط مغز دستخوش تغییر می‌شوند.

باآنکه این آزمایش‌ها هیجان فراوانی در بین نورولوژیست‌ها به وجود آورد اما زیاد طول نکشید تا نسبت به ناکافی بودنشان بحث‌های جدی آغاز شود. بااینکه این آزمایش‌ها مبتنی بر یافته‌های عینی و غیرقابل‌انکار می‌باشند اما ظاهرا در نتیجه‌گیری‌ها و تفسیرها ابهاماتی وجود دارند که به اختلاف نظرها دامن زده است:

آیا بنجامین لیبت "انباشت الکتریکی" را خود تصمیم‌گیری می‌داند و یا این‌که آن صرفا "آمادگی بالقوه" پیش از تصمیم‌گیری است؟

چگونه می‌توان از یک تصمیم آگاهانه فرد آزمایش‌شونده (در ثبت کردن زمان تصمیم خود) استفاده کرد برای اینکه ثابت کنیم تصمیم دیگر او ناآگاهانه است؟

آرون شرگر (Aaron Schurger) نورولوژیست فرانسوی و همکارانش در سال ۲۰۱۲ با انتشار نتیجه آزمایش‌های خود، نتیجه‌گیری لیبت درباره غیرارادی بودن تصمیم‌گیری را مورد شک قرار داده و وجود خواست، میل و یا اراده را پیش‌شرط تصمیم‌گیری می‌دانند. آن‌ها "پتانسیل آمادگی" را بیشتر بیانگر آمادگی برای واکنش می‌دانند تا طرح‌ریزی مغز برای تصمیم‌گیری.

عده‌ای دیگر از محققان دانشگاه‌های مختلف دنیا مانند جف میلر (Jeff

Miller از دانشگاه اوتاگوی نیوزیلند مدعی می‌شوند که آنچه لیبت و هاینز مطرح می‌کنند "روند توجه" در مغز است و نه فرآیند تصمیم‌گیری. پاتریک هاگارد (Patrick Haggard) نورولوژیست بریتانیایی که خود زمانی همکار بنجامین لیبت بود نیز به این نتیجه می‌رسد که در نفی اراده آزاد زیاده‌روی شده و توهم دانستن آن، یک نظریه افراطی است.

با آن که خود بنجامین لیبت پس از مدتی پذیرفت که تفسیر آزمایش‌های او چندان دقیق نبوده و نمی‌تواند دلیلی بر رد اراده آزاد باشد اما طرفداران او همچنان این آزمایش‌ها را مدرک غیرقابل انکاری بر توهمی بودن اراده آزاد می دانند. استدلال‌های آن‌ها به وضوح بیان کننده نوعی دو-انگاری نیمه‌آشکار (Cryptodualism) است که "من" و "مغز" را دو چیز جدا از یکدیگر می‌داند. با توجه به دو-انگاری‌های مختلفی مانند جسم-ذهن دکارتی، که انسان و مغزش را دو وجود مستقل و جدا از یکدیگر می‌داند آیا می‌توان گفت هرچه در بدن ما می‌گذرد و من نسبت به آن‌ها آگاهی ندارم چیز دیگری متفاوت از من است؟ مگر ناخودآگاه من موجود دیگری به غیر از من است؟ آیا کارکرد ناخودآگاه مغز را می‌توان به‌عنوان دلیلی بر نبود اراده آزاد دانست و حتی ادعا کرد که من و مغز من دو موجود جداگانه هستند؟

گفته می‌شود که "تجربه آگاهانه" پروسه‌ای کند است. مرحله‌ای از تصمیم گیری در قسمتی از مغز انجام می‌شود و اندکی دیرتر به قسمت دیگر، یعنی مرکز توجه رفته و آن را فعال می‌کند. پیش‌تر اشاره شد که روش کارکرد مغز بر این اساس است که همه قسمت‌های خود را به‌طور هم‌زمان فعال نمی‌کند. فعالیت هم‌زمان میلیون‌ها سلول و میلیاردها ارتباط سیناپسی، انرژی

فوق‌العاده‌ای می‌طلبد که فراتر از امکانات موجود بدن است. فرضا اگر بدن بتواند چنین انرژی عظیمی را تأمین کند (که نمی‌تواند)، توزیع انرژی و انشعاب آن به تمام قسمت‌های مختلف به‌طور هم‌زمان، نه‌تنها به بحران انرژی می انجامد بلکه با فعال شدن بخش‌های غیرلازم باعث مزاحمت و دخالت آن‌ها در فعالیت بخش‌هایی می‌شود که در آن لحظه به وظایف حیاتی مدیریت مشغول هستند. به این دلیل به هنگام تصمیم‌گیری، فقط بخش‌هایی از مغز فعال می‌شوند که باید بشوند و سپس نتیجه کار به بخش‌های دیگر مانند بخش‌های توجه و اجرا ارسال می‌شود.[۱]

فعالیت قسمت‌های قدیمی‌تر مغز، نیاز کمتری به فعال کردن توجه و آگاهی ما دارند. هر چه به قسمت‌های جدیدتر می‌رویم نیاز خودآگاهی، به منظور نظارت بر اجرا، بیشتر می‌شود. ما نتیجه کار مغز و قلب و ریه و... را فقط زمانی احساس و تجربه می‌کنیم که ضرورتی مرکز توجه ما نسبت به آن‌ها را فعال کرده باشد. در بیشتر تصمیم‌گیری‌ها مرکز توجه در مغز ما فعال نمی‌شود زیرا نیازی به آن نیست. بنابراین می‌توان نتیجه گرفت که هدف از تصمیم‌گیری، انتخاب نوع واکنش است و فعال شدن بخش توجه، نه برای آگاهی از آن تصمیم بلکه برای انجام واکنش به بهترین شکل ممکن است. پس نمی‌توان ادعا کرد که برای ارادی و آگاهانه دانستن تصمیم‌گیری، باید که هر دو بخش تصمیم‌گیری و خودآگاهی بطور هم‌زمان در مغز ما فعال شده باشند.

طرح ساده شده مساله به این‌گونه است: انسان نسبت به تغییرات واکنش نشان می‌دهد. (مغز ما تغییرات را از مقایسه اطلاعات قدیم و جدید درک می

---

[۱] گفته می‌شود که مراکز توجه در بخش های مختلفی مانند لوب‌های پرایتال، تمپورال و فرونتال مغز گسترده شده‌اند.

کند.) می‌دانیم که "توجه" مکانیسمی است کاملا وابسته به درک تغییرات در مغز. هر تغییر باعث فعال شدن توجه می‌شود و فعال شدن توجه به تحریک بسیاری مدارها به‌ویژه آن‌ها که مربوط به تصمیم‌گیری هستند پرداخته و تصمیمی گرفته می‌شود. تصمیم که گرفته شد (یعنی یک تغییر دیگر ایجاد شده) دوباره توجه فعال می‌شود تا واکنش‌های مورد تصمیم ایجاد شوند. ممکن است در مرحله فعال شدن توجه قبل و یا پس از تصمیم‌گیری، ما نسبت به آن آگاه شویم یا نشویم و این بستگی به این دارد که این توجه در چه سطحی فعال شده باشد.

برخی از افراد متمایل هستند که این‌گونه فعالیت‌های مجزای بخش‌های مغز را دلیلی بر عدم تصمیم‌گیری آگاهانه تعبیر کرده درحالی‌که این موضوع اصلا اساس کار و شیوه مغز است. هم‌زمان نبودن کارکرد بخش تصمیم‌گیری و بخش توجه مغز، بر اساس ضرورت‌هایی است که محدودیت انرژی و مدیریت مغز باعث آن است. چرا باید از یک فرایند بهینه مغز این‌چنین تفسیر شود که ابتدا "مغز من" تصمیم می‌گیرد و سپس "من" می‌فهمم؟

شواهد علمی حاکی از آن است که ارسال سیگنال توسط حسگرها با تاخیری حدود یک‌سوم تا نیم ثانیه به مغز می‌رسد. این به معنای آن است که درک ما از بیرون، یک‌سوم تا نیم ثانیه تأخیر دارد. آیا به علت این تأخیر می‌توان درک انسان از محیط پیرامونش را نیز نفی کرد؟

ضمنا می‌توان افزود که آزمایش‌های لیبت بر اساس تصمیم‌ها و واکنش‌های آنی بوده‌اند که حتی در صورت دقیق بودن، نمی‌توانند تصمیم‌گیری‌های هدفمند را پوشش دهند.

در آزمایش‌هایی که توسط هینز (Heinze) و همکاران در سال ۲۰۰۸ انجام شد متوجه وجود جریان الکتریکی برخی از تصمیم‌گیری‌ها در قسمت‌های فرونتال و پُرایتال (Parietal) به مدت ده ثانیه پیش از اجرای آن‌ها شدند. ده ثانیه فاصله، مدت کمی نیست و می‌تواند نشان دهد که مغز در این مدت مشغول بررسی این بوده است که چه گزینه‌ای باید انتخاب شود. آیا مغز در آن زمان مشغول بررسی هماهنگ بودن تصمیم با هدفی که از قبل در مغز خود داشته‌ایم بوده است؟

این که ما چه احساس و یا تفسیری از وقایع داخل مغز داریم نمی‌تواند به‌تنهایی وجود آن چیز را تایید یا رد کند. به قول هیوم، نمی‌توان "باید باشد" را از آنچه واقعا "هست" استخراج کرد.

ناخودآگاه و خودآگاه، هر دو بخش‌هایی از عملکرد مهم‌ترین ارگان مدیریتی من هستند. عملکرد قدرتمند آمیگدالای مغز من، هرچقدر هم که برای من ناشناخته باشد را نمی‌توان به‌عنوان فعالیت یک چیز دیگری غیر از من تعبیر کرد. هنگامی‌که مغز من تصمیم می‌گیرد یعنی اینکه من تصمیم گرفته‌ام، حتی اگر بخش توجه دیرتر فعال شود و یا اصلا نشود.

برخی از افراد با اشاره به "مغز کوانتومی" از ابهامی که در فهم کوانتوم وجود دارد استفاده می‌کنند تا اراده آزاد را تعریف کنند. باید پرسید اگر مغز واقعا بر اساس فیزیک کوانتوم (یعنی عدم قطعیت) کار می‌کند، چگونه می‌شود با قاطعیت به اثبات و یا نفی اراده آزاد پرداخت؟

احتمالا از اینجا است که استیون هاوکینگ (Stephen Hawking) می‌گوید: تصمیم‌ها و رفتار بشر قابل پیش‌بینی نیست و به همین دلیل می‌توان گفت که

اراده آزاد وجود دارد. این گفته را استانیسلا دوهان (Stanislas Dehaene) نورولوژیست فرانسوی نیز تأیید کرده و غیرقابل‌پیش‌بینی بودن رفتار انسان‌ها را دلیلی بر وجود اراده آزاد می‌داند.

با اینکه در حال حاضر، وجود یا عدم اراده آزاد در محدوده جبرهای فیزیولوژیکی و اجتماعی را نمی‌توان به‌سادگی تأیید و یا رد کرد، اکثر کسانی که گرایش به دیدگاه علمی دارند تمایل زیادی به نفی "اراده آزاد" داشته و دلایل و شواهدی نیز ارائه می‌دهند که هیچ‌کدام نمی‌توانند تاریکی‌های موجود در فرایند تصمیم‌گیری و اراده آزاد را روشن کنند.

البته همه طرفداران استدلال‌گرایی هنوز به نفی اراده آزاد نرسیده‌اند و استدلال‌های عده دیگر نیز آن‌چنان‌که باید قانع‌کننده نیستند. برای نمونه به چند مورد از آن‌ها اشاره مختصر می‌کنم:

عده‌ای با اشاره به چند قاتل زنجیره‌ای که به علت وجود غده و یا لخته‌هایی در مغزشان اجبارا دست به جنایت زده و از رفتار مجرمانه خودآگاهی نداشته‌اند، آن را به کلیت انسان‌ها تعمیم داده و چنین نتیجه می‌گیرند که بقیه انسان‌ها هم به‌نوعی اسیر اجبارهای مغزشان هستند. این‌گونه نتیجه‌گیری‌ها از نظر علمی قابل‌قبول نیستند. و یا برخی دیگر با ارائه استدلال‌های ضعیف‌تری ادعا می‌کنند که باور به نظریه "توهم اراده آزاد" برای ما مفید است، ما را از هرگونه قیدی آزاد کرده و دیگر احساس گناه نخواهیم کرد!

عده‌ای به‌اشتباه فکر می‌کنند که اگر در مغز، جایی برای اراده وجود ندارد پس یک احساس صرف و یا یک تفسیر بی اساس است. برخی دیگر که اراده آزاد را معادل خودآگاهی دانسته و بر آن پافشاری می‌کنند بی‌آنکه بدانند نه‌تنها

مشکلی را حل نکرده بلکه معادله یک‌مجهولی را به دومجهولی تبدیل کرده‌اند.

برخی چنین استدلال می‌کنند که برای داشتن اراده آزاد باید آینده بر ما روشن و معلوم باشد تا ما بتوانیم بین گزینه‌ها یکی را انتخاب کنیم و چون ما نسبت به آینده بی‌اطلاع هستیم پس اختیاری در تصمیم‌گیری نداریم. این استدلال نیز پایه علمی ندارد زیرا مغز، هیچ‌گاه آینده را نمی‌داند فقط پیش‌بینی می‌کند و حدس می‌زند. بسیاری از نورولوژیست‌ها مغز را دستگاه پیش‌بینی دانسته و می‌گویند که این قابلیت صرفا به بررسی احتمالات می‌پردازد. درحالی‌که دانستن آینده توسط مغز امری غیرممکن است چگونه می‌توان امر غیرممکن را دلیلی بر عدم اراده آزاد دانست.

برخی دیگر، نبود خودآگاهی در تصمیم‌گیری را به معنای نفی اراده آزاد می دانند. باید پرسید آیا ساخت و کار مغز برای آن است که خودآگاه ما متوجه تصمیم‌گیری ما شود؟ اصلا مرکز توجه در مغز برای چه منظوری ساخته شده است؟ برای این است که بفهمیم تصمیم می‌گیریم؟

به هر حال به نظر می‌آید که در بحث اراده آزاد، عینک‌های مذهبی، فلسفی، روان‌شناسی و یا علمی، هرکدام، ما را به نتایج کاملا متفاوتی می‌رسانند. باوجود گرایش‌های روزافزون مردم به شواهد علمی، همچنان ما شاهد تفسیرهای نادرست از شواهد درست علمی می‌شویم.

البته علم به پیش رفته و حقایق جدیدی از عملکرد مغز را بر ما روشن خواهد کرد و بسیاری از تفسیرهای نادرست امروز ما اصلاح خواهند شد. اما اکنون که دقیقا نمی‌دانیم اختیار بشر بر اندیشه و کردارش تا چه اندازه است چه باید کرد؟ آیا باید پذیرفت که در حال حاضر سطح آگاهی و علم بشر به آن حد

نرسیده که دراین‌باره به نتیجه روشن و قطعی برسد و باید سکوت کرد؟

دنیل دنت (Daniel Dennett) فیلسوف و شناخت شناس آمریکایی، با آن که از سویی به این بحث ورود کرده و "خودآگاهی" و "اراده آزاد" را به یکدیگر مرتبط می‌داند، از سوی دیگر اهمیت چندانی به دانستن و فهم آن‌ها برای کارکرد بهینه مغز نداده و می‌گوید "لزومی ندارد مغز بفهمد که مغز چگونه کار می‌کند."

به نظر می‌آید که فیلسوف و دانشمند هر دو از یک زاویه به دنبال پاسخ نمی‌گردند. علاوه بر دنیل دنت، متفکران دیگری هستند که به‌طورکلی این‌گونه بحث‌ها را مفید ندانسته و به این نتیجه رسیده‌اند که بحث اراده آزاد در حال حاضر، نه‌تنها هیچ موضوعیتی در زندگی انسان‌ها نداشته بلکه پرداختن به آن اساسا بی‌فایده و یا بی‌نتیجه است. آن‌ها معتقد هستند تا زمانی که بشر پاسخی علمی برای این مساله نیافته است بهتر است وقت و انرژی خود را صرف آن نکنیم.

اگر بپذیریم که هر تصمیمی که می‌گیریم و هر چه انجام می‌دهیم واکنش طبیعی، خودکار و غیرارادی ما در پاسخ به محرک‌ها است و ما در انتخاب آن‌ها هیچ نقشی نداریم واقعا بحث اراده آزاد چه اهمیتی می‌تواند داشته باشد؟

اما اگر نپذیریم چه؟

هنوز دقیقا روشن نیست که اراده آزاد وجود دارد و یا اینکه یک توهم است ولی بحث مهم‌تر این است که ما اکنون دیگر نمی‌توانیم این موضوع را رها کنیم. شاید قبلا می‌توانستیم، زمانی که هنوز ایده جبرگرایی علمی گسترش نیافته و از بی‌مسولیتی انسان در قبال رفتارش حمایت نمی‌شد. ضرورتی که ما را به

روشن شدن موضوع جبر و اختیار سوق می‌دهد محدود به کنجکاوی بشر و یا نیاز به شناختن مغز انسان نمی‌شود، حتی برای پاک کردن تردیدها و اگرها نیست بلکه برای تنظیم روابط و قوانین اجتماعی بر اساس میزان مسئولیت انسان‌ها در قبال رفتارشان است. ازآنجایی‌که تمام قوانین بشری بر اساس مختار بودن انسان در انتخاب‌هایش و مسئول بودن در قبال رفتارش تنظیم شده‌اند، مسئول ندانستن افراد برای کاری که می‌کنند می‌تواند به تغییرات بسیار بنیادی در تمام قوانین و مناسبات موجود و همچنین در دیدگاه‌های حقوقی، اخلاقی، سیاسی، اقتصادی و اجتماعی منجر شود.

تصور کنید زمانی را که همه پذیرفته‌اند اراده آزاد وجود ندارد و هیچ‌کس مسئول تصمیم و رفتارش نیست. چه اتفاقی خواهد افتاد؟

اولین چیزی که مطرح می‌شود نفی مسئولیت قانونی و انسانی افراد جامعه است. کلیه قوانین حقوقی، جزایی و قضایی موجود که بر مبنای اراده آزاد و مسئولیت انسان‌ها ساخته‌وپرداخته شده‌اند، باطل و بی‌اعتبار اعلام شده و هیچ‌کس نمی‌تواند به هیچ جرمی دستگیر شود. دزدی، جنایت، تجاوز، آزار، شکنجه و بسیاری کارهای دیگر از اموری شناخته می‌شوند که اجبارا و غیرارادی رخ می‌دهند و دیگر نمی‌توان جنایتکارانی مانند هیتلر، استالین، پل پوت و خمینی را محکوم و یا محاکمه کرد زیرا آن‌ها کنترلی بر اعمال خود نداشته‌اند.

پذیرش اینکه اراده آزاد توهمی بیش نیست، قبل از هر چیز به امر خودکنترلی در تک‌تک افراد لطمه زده و دیگر کسی نیازی به خویشتن‌داری از ارتکاب به جرم و جنایت نمی‌بیند. احتمالا پس‌ازآن دیگر نه خوبی قابل‌تقدیر خواهد بود و نه بدی قابل تنفر. تمام ارزش‌ها و ضد ارزش‌ها از بین رفته و

بی‌اعتبار می‌شوند. نظم جوامع به‌هم‌خورده و شاید مهم‌ترین دستاوردهای بشری نیز در معرض خطر قرار گیرند.

براستی در یک جامعه بدون قانون، چگونه روابط و مناسباتی جریان خواهند داشت؟ آیا باید تمام پایه‌های تمدن را از نو پی‌ریزی کرد؟

اگر فرض کنیم که همه افراد جامعه بپذیرند که اراده آزاد توهمی بیش نیست، به‌طور طبیعی بر اساس نظریات جبرگریان (علمی و غیرعلمی) نباید تغییری در رفتار انسان‌ها به وجود آید: رفتار غیرارادی انسان همچنان غیرارادی خواهد ماند، انسان‌های بی‌اختیار، همچنان مانند گذشته مرتکب جرم و جنایت می‌شوند، دیکتاتورها به انواع نسل‌کشی و جنایت علیه بشریت دست می‌زنند، زندانبانان، همچنان شکنجه می‌کنند و می‌کشند، و تنها تفاوت در این است که هیچ قانونی نمی‌تواند آن‌ها را مجازات کند زیرا هیچ‌کس در کاری که می‌کند نه مختار است و نه مقصر.

بنابراین ما نیاز داریم که بدانیم اراده آزاد وجود دارد و یا اینکه ما ماشینهای خودکاری هستیم که تصمیم‌هایمان را خودمان نمی‌گیریم بلکه فقط از آن‌ها باخبر می‌شویم.

پیش آمدن وضعیتی که در بالا تصویر شد در حال حاضر نامحتمل است زیرا هنوز توضیح مناسب و معقولی از کارکرد مغز وجود ندارد تا چه برسد به پذیرش همگان. نورولوژی در ابتدای شناخت مغز است و ما اکنون در مرحله‌ای به سر می‌بریم که از کمترین کشفیات خود درباره مغز دچار هیجان‌زدگی شده و تفسیرهای اغراق‌آمیز از آن‌ها ارائه می‌دهیم. علم در مرحله‌ای است که هنوز بیشتر از نود درصد از دی.ان.ای را نمی‌شناسد و نمی‌داند به چه کار می‌آیند و

آن‌ها را شبه‌ژن (Pseudo Gene) و یا حتی دی.ان.ای آشغال (Junk DNA) می‌نامد. گفته می‌شود حدود ۹۸ درصد از ژنوم انسان را همین دی.ان.ای آشغال تشکیل می‌دهد (این مقدار در موجودات دیگر کمتر است و این خود نکته‌ای است بسیار قابل تامل.) آیا احساس هویت، شعور، خلاقیت، ماهیت تصمیم‌گیری‌ها و بسیاری چیزهای دیگر، به این قسمت عظیم و ناشناخته مربوط می‌شود و یا ما باید صرفا بر آن دو درصد باقیمانده تکیه کنیم که هنوز اطلاعات کاملا روشنی درباره آن‌ها در دسترس نداریم؟

با این حال جبرگرایی علمی با تاکید مداوم بر کارکردهای فیزیکی- شیمیایی سلولها و مدارها، انسان را ماشینی فرض می‌کند که قابل محاسبه و پیش‌بینی است. و توضیح نمی‌دهد که یک ماشین چگونه کنجکاو می‌شود، اقدام به ریسک و آزمایش می‌کند و بسوی ناشناخته‌ها می‌رود؟ این ماشین چگونه از برنامه‌ریزی‌های خود خارج می‌شود و اقدام به آسیب زدن به خود و یا حتی خودکشی می‌کند؟

دنیل دنت انسان را یک روبات می‌داند که از مجموعه روبات‌های کوچک ساخته شده و آن‌ها هم از روبات‌های کوچک‌تر. به عقیده او سلول‌های مغزی ما روبات‌هایی هستند که به سیگنال‌های شیمیایی پاسخ می‌دهند. موتورهای پروتئینی درون سلول‌ها هم که انرژی شیمیایی را به نیروی حرکتی یا پیغام عصبی تبدیل می‌کنند، خودشان روبات هستند و این زنجیره ربات‌ها به همین ترتیب ادامه دارد.

مایکل گازانیگا با آن که باور دارد مغز دارای کارکرد اتوماتیک است اما انسان را به عنوان یک موجود اجتماعی، آزاد می‌داند (یعنی غیراتوماتیک و غیرقابل پیش‌بینی).

پس اگر بپذیریم که انسان موجودی است اتوماتیک و غیراتوماتیک، آیا می
توان گفت که تصمیم‌گیری‌های انسان، هم ارادی است و هم غیرارادی؟

به نظر می‌آید که به مساله اراده آزاد می‌توان از زوایای مختلفی نگاه کرد.

جبر یا اختیار؟

انسان موجودی است زنده؛ مجموعه‌ای است متراکم، پیچیده، سامان یافته و
هدفمند از اتمها و مولکولها با قابلیت تکثیر خود. این موجود دارای توانایی‌های
ویژه‌ای در تبدیل انواع انرژی است.[1] انرژی های موجود در او امکان حرکت
(جنبندگی یا واکنش) را در او فراهم می‌آورند که یکی از خصوصیات اصلی
سیستم های زنده است، چه تک سلولی باشند و چه پر سلولی. این سامانه
متراکم، پیچیده، زنده و فعال، مانند کیسه‌ای است انباشته از فرمهای مختلف
پروتئین با رمزهای مشخص و دقیق. مجموعه‌ای است از ذرات متفاوت که بطور
دائم در حال اثرگذاری بر یکدیگر و تغییر دادن و تغییر کردن هستند.

این کیسه پوستی، مجموعه‌ای است مشخص که تمام چیزهای درون خود
را تحت سازمان مشخصی حفظ کرده و مرزهای بیولوژیکی "من" و "غیرمن" را
تعیین میکند.

کل این مجموعه به عنوان یک واحد در حال اثرگذاری بر واحدهای دیگر و
و تغییر دادن آن‌ها و تغییر کردن دائمی خود است. به عبارت روشن‌تر: انسان

---

[1] سلولهای فتوسنتیک (Photosynthetic) و هتروتوفیک (Heterotrophic) که اولی انـرژی
را از نور خورشید و دومی از تجزیه مواد آلی دریافت میکنند. این انرژی های دریافتی طی
مراحلی به انرژی‌های مورد نیاز بدن برای حرکت و غیره تبدیل می‌شوند.

سیستم بازی است در وجودی بسته در کیسه پوستی خود. سیستمی که با تمام چیزهای بیرون از خود بطور مرتب در ارتباط است. منظور این است که ما انسانها اگر که بسته‌های جدا جدا بوده و به یکدیگر متصل نیستیم اما بر یکدیگر تاثیراتی می‌گذاریم که به تغییرات ساختاری مغزمان می‌انجامد.

این سیستم خود در درون سیستم دیگری به نام جامعه زندگی می‌کند که دارای روابط بسیاری است . روابط و مناسبات فراوان اجزای درونی این سیستم ها، که فقط برخی از آن‌ها بطور آشکار عمل می‌کنند باعث حرکت کل سیستم می‌شود. نمی‌توان حرکت یک جزء را بطور جداگانه بررسی و نتیجه‌گیری کرد.

در اکثر آزمایش‌های نورولوژیست‌ها پدیده فیزیولوژیک عمده شده و از تاثیرات اجتماعی بر افراد تا حد زیادی غفلت می‌شود. در حالی که انسان سیستمی باز و سیال است و در گذشت زمان، به دلیل افزایش بی‌سابقه روابط اجتماعی‌اش، بر پیچیدگی‌های مغز او افزوده شده است.

مغز ما دستگاه تولید کننده تصمیم‌ها و واکنش‌ها نسبت به انواع محرک‌ها است. اطلاعات انواع محرک‌ها، در تمام لحظات، به مغز ما وارد شده و مانند ارتباط‌های سخت افزاری باعث تغییرات ساختاری میشوند.

اطلاعات ذخیره شده در مغز به خودی خود ابزار هستند و نه محرکی برای تصمیم‌گیری. محرک‌ها از بیرون اعمال می‌شوند.

مغز ما همواره، بطور مستقیم و غیرمستقیم، تحت تاثیر افراد دیگر، روابط و مناسبات جامعه، و بسیاری عوامل مختلف بیرونی و تغییرات درونی بدن قرار داشته و مجبور به اجرای برنامه‌های فراوان، دقیق و پیچیده‌ای است که به سادگی قابل اندازه‌گیری نیستند. قابل سنجش نیستند زیرا در هیچ لحظه ثابت

نبوده و همواره در حال تغییر می‌باشند. اگر می‌شد همه حرکت‌ها، تاثیرگذاری ها و تغییرات را برای لحظه‌ای متوقف کرد (که امری محال است) باز، بنا بر نظریه کوانتوم، خود سنجش کردن باعث تاثیر بر ذره و تغییر در کیفیت آن می شد.

اگر با ایده‌ها، علوم و ابزار ثابت نمی‌توان ذرات متغیر را سنجش کرد، به سادگی نمی‌توان از جبری و یا اختیاری بودن روند تصمیم‌گیری سخن گفت.

حال که نمی‌شود تصمیم‌گیری و دیگر کمیت و کیفیت‌های انسانی اندازه گیری کرد آیا باید به علت تاثیر همه چیز بر همه چیز، و عدم اطلاعات دقیق ما از آن‌ها به تئوری‌های احتمال و تصادف روی آورد؟

اگر که برخی از کارکردهای ساده فیزیولوژیک سلول‌ها بر اساس قوانین شناخته شده فیزیک و شیمی است اما بسیاری از کارکردهای متراکم فیزیولوژیک در مغز همچنان ناشناخته مانده‌اند.

فیلیپ اندرسن (Philip Warren Anderson) فیزیکدان آمریکایی و برنده جایزه نوبل ۱۹۷۷ در رابطه با "فیزیک مواد متراکم" اشاره می‌کند که تقلیل دادن همه روابط به قوانین بنیادی ساده فیزیک، مشکل‌آفرین می‌شود. او با اشاره به این که سیستم‌های پیچیده دارای رفتاری هستند که از بررسی ویژگی های تک تک ذرات و اعضای آن به دست نمی‌آید، نظریه‌ای ارائه می‌دهد که به عنوان نظریه برآیش (emergent phenomena) مشهور می‌شود (که در بخش احساس هویت به آن اشاره شد). او در مقاله معروفش با عنوان "بیشتر یعنی متفاوت" (More is different) می‌گوید در هر مرحله از پیچیدگی خصوصیات

جدیدی ظهور می‌کنند که علوم موجود توضیحات روشنی برای این کیفیت‌های نوظهور ندارند. تراکم و پیچیدگی باعث تغییر رفتار موجود می‌شود و قوانین ساده نمیتوانند این تراکم، پیچیدگی و تغییر را بیان کنند.

بر این اساس، رفتار موجود پرسلولی از جهات مختلفی بسیار متفاوت است با رفتار موجود کم‌سلولی. به مناسبت افزایش ارتباطات سیناپسی در مغز انسان، کیفیت‌های نوظهوری پدید می‌آیند که قوانین شناخته شده قادر به تبیین آن‌ها نیستند. و نکته مهم‌تر این که پدیده‌های نوظهور، خود، عامل شتاب‌دهنده‌ای در ایجاد پدیده‌های نوظهور بعدی می‌شوند.

اگر تصمیم‌گیری و خودآگاهی را نوعی کیفیت برآیشی غیرقابل‌سنجش بدانیم پس در این صورت تکلیف سنجش‌های ارائه شده از سوی نورولوژیست‌ها چه می‌شود؟

با توجه به تمام نظریات ارائه شده و جمع‌بندی آن‌ها می‌توان به این نتیجه کلی رسید که در حال حاضر نه جبرگرایی و نه اختیارگرایی هیچ‌کدام قادر به ارائه توضیح کامل و قانع‌کننده‌ای نیستند. حتی ایده‌های جدید که متکی بر نظریه برآیش (Emergence) ارائه می‌شوند نیز، با تمام جاذبه‌هایی که ایجاد می کنند آن‌چنان‌که تصور می‌شود قابل‌اثبات نیستند.

جبر یا اختیار، به این دلیل که اکنون قابل‌سنجش و اندازه‌گیری نیستند، نه رد شدنی هستند و نه اثبات شدنی؛ و با توجه به اینکه دانسته‌های ما از کارکردهای مغز بسیار اندک است اظهار نظر قطعی از روابط دقیق علت و معلول در مغز کمی عجیب می‌نماید. اختیارگرایی نیز نوع دیگری از تقلیل‌گرایی پیچیدگی‌های مغز است. در این نوع دیدگاه تاثیر گذشته فرد و

حافظه مملو از تجربیات گوناگون او در تصمیم‌گیری‌هایش نادیده گرفته می شوند.

گویا برای روشن شدن ماهیت تصمیم‌گیری‌های انسان، راه درازی در پیش داشته باشیم. هر کس نظری می‌دهد و استدلالی می‌کند و معیاری وجود ندارد تا آن‌ها را محک کند. چه باید کرد؟

هدف این کتاب در ادامه تلاش خود، رسیدن به یک نتیجه مشخص و روشن کردن این نکته است که تصمیم‌گیری‌های انسان در شرایط دشوار زندان و شکنجه چگونه بوده و تا چه حد می‌توانند ارادی یا غیرارادی باشند. آیا می توان به تعریف میانه‌ای رسید که تصمیم‌گیری و تنوع وسیع آن را بهتر بیان کند؟ بیانی که بتواند واکنش‌های غیرمنتظره انسان را نیز در بر داشته باشد؟

شاید به‌سادگی نشود موضوع جبر و اختیار را روشن کرد اما شواهدی که به‌طور روزمره در زندگی با آن‌ها برخورد می‌کنیم ما را به‌سوی نوعی ایده "اختیار در محدوده جبر" هدایت می‌کنند.

با اشاره به پیچیدگی‌های تصمیم‌گیری و گستردگی عوامل مؤثر در آن، تا این اندازه روشن است که دامنه اختیار و انتخاب انسان آن‌چنان‌که برخی ادعا می‌کنند وسیع نبوده و ما در محدوده شرایط زیستی و تجربی خود و بسیاری از عوامل ناشناخته دیگر محصور هستیم. پس اگر نمی‌شود مهر تایید یا رد را بر اختیار و جبر زد، آیا می‌توان نتیجه گرفت که تصمیم‌های ما، به‌نوعی، بر اساس اختیاراتی در محدوده جبر است؟

به نظر من، در حال حاضر، کسانی که میگویند ما در جایی اراده آزاد داریم و در جایی دیگر نداریم اگر بتوانند مرز این دو، یعنی اختیار و جبر را مشخص

کنند شاید حرفی برای گفتن داشته باشند. زیرا ما نمی‌توانیم به مطلق بودن جبرگرایی و یا اختیارگرایی باور داشته باشیم، در هرکدام مقداری از دیگری وجود دارد. این به معنای آن است که انسان در عین حال هم مختار است و هم مجبور. اما مرز اختیار و جبر در کجاست؟

عده‌ای معتقدند که تصمیم‌های واقعا سخت که به‌سادگی نمی‌توان از بین دو یا چند گزینه یکی را انتخاب کرد (Torn Decision) توجه و هشیاری ما را به خود جلب کرده و تصمیمی که در این زمان گرفته می‌شود را می‌توان آگاهانه و از روی اراده آزاد دانست. اما تصمیم‌هایی که از روی اجبار و فشار اتخاذ می‌شوند را، به دلیل نبودن گزینه‌های دیگر، نمی‌توان تصمیم‌هایی مبتنی بر اراده آزاد دانست. انسان در بعضی شرایط دارای اختیار و در شرایط دیگر اسیر جبر است.

یک استدلال قدیمی نیز در فلسفه است که می‌گوید تو می‌توانی یک پای خود را بالا برده و فقط روی یک پا بایستی (یعنی اختیار) ولی نمی‌توانی در همان زمان که روی یک پا ایستاده‌ای پای دوم را هم بالا ببری (یعنی جبر).

اما این که ما بنا به جبر قادر به بالا بردن هر دو پای خود بطور هم‌زمان نیستیم آیا می‌تواند دلیلی موجه باشد تا ما آن مقدار اختیاری که در بالا بردن پای اول داریم را هم نادیده بگیریم؟

گاهی اوقات تعریفی که توسط برخی از افراد از "اختیار" می‌شود بسیار مبهم و گاه مخدوش است. آن‌ها جبر و اختیار را دو پدیده کاملا ناهمساز و اختیار را نفی کننده قوانین طبیعی می‌دانند. در حالی‌که بر عکس تصور آن‌ها اختیار، در مقابله با قوانین طبیعی نیست بلکه نوعی انتخاب است در بستر آن

قوانین.

بسیاری از ما دوست داریم تصور کنیم که خیلی آزاد هستیم، بر تصمیم هایی که می‌گیریم آگاهی کامل داریم و آن قدر توانا هستیم که حتی اگر فلج به دنیا آمده و قهرمان دو نشویم مقصر خود ما هستیم. در حالی که چنین نیست و آزادی ما در محدوده جبرهای گوناگونی قرار گرفته است. از جبرهای فیزیولوژیک جسمی یا روانی گرفته تا جبرهای جغرافیایی، از جبرهای کمبود سلول‌های استخدام شده گرفته تا کمبود تجربیات و اطلاعات زیستی، که اجازه اجرای بسیاری از خواست‌ها و امیال ما را نمی‌دهند و حتی خواست‌ها و آرزوهای ما را به نوعی تعیین می‌کنند.

هنگامی که از خود می‌پرسیم که آیا من می‌توانم یا می‌توانستم تصمیم دیگری گرفته و رفتار دیگری داشته باشم در واقع به بسیاری از عوامل تاثیرگذار بر خود اشاره کرده‌ام که بطور مستقیم و غیرمستقیم در تصمیم‌گیری‌های من دخالت کرده‌اند. و آن‌گاه که می‌پرسیم آیا تصمیم من آگاهانه بوده است می خواهیم بدانیم که تاثیرات باورها، ارزش‌ها و اعتقادات ما تا چه اندازه دخیل بوده‌اند.

جواب این دو پرسش را کسی دقیقا نمی‌داند حتی خودمان. ما فقط می دانیم اگر مجموعه شرایط به گونه‌ای دیگر بود حتما تصمیم دیگری می‌گرفتیم.

تصمیم‌گیری امری بیولوژیک است که از اطلاعات مختلف تجربیات زیستی، فراز و نشیب‌ها و آزمون وخطاهای زندگی مایه می‌گیرد. همانطور که اشاره شد منظور این کتاب از تصمیم‌گیری، آن نوع مدیریت درون‌گرای مغز یعنی کارکرد

موتورهای خودکاری که قلب و ریه و... را کنترل می‌کنند نیست بلکه واکنش
های برونگرای انسان است که رو به بیرون انجام می‌شوند. این نوع تصمیم‌گیری
که به منظور غلبه بر مشکلات زیستی گرفته می‌شوند ذاتا نمی‌توانند مبتنی بر
خواست و اراده نباشند، زیرا مکانیسم‌های خودکار قابلیت برخورد اتوماتیک با
شرایط و پدیده‌های جدید و نوظهور را ندارند. برای این کار، توجه و اراده از
شرط‌های لازم‌اند. فقط در تصمیم‌های تکراری مرتبط به باور و عادت است که
نیاز چندانی به توجه و بررسی نبوده و واکنش‌ها بر اساس الگوهای از قبل
تعریف شده مدیریت می‌شوند. مغز برای تصمیم‌گیری، ابتدا از خودکارترین
الگوها آغاز می‌کند و تا جایی که می‌تواند به قسمت‌های پرهزینه خودآگاه وارد
نمی‌شود.

با آن که بیشتر تصمیم‌های ما بر اساس الگوهای اتوماتیک شده مغز اتخاذ
می‌شوند اما باید گفت که این الگوها پیش از اتوماتیک شدن و ورود به عرصه
ناخودآگاه، زمانی بطور آگاهانه و با توجه کامل انجام می‌شده و پس از طی
مراحل مختلف تایید شدن به ناخودآگاه رفته تا دیگر نیازی به مدیریت کامل
نداشته باشند. پس، رفتارهای تکراری ناخودآگاه که در محدوده جبرگرایی قرار
می‌گیرند زمانی خارج از جبرگرایی بوده و با توجه به فیدبک‌ها، تکرار، آزمون و
خطا، و تایید مستمر، به تدریج با الگوهای بنیادین موجود هم‌ساز و وارد فاز
خودکار شده و اینک در تصمیم‌گیری‌های ما بروز می‌کنند.

با اینکه در قسمت‌هایی از مغز رفتار خودکار بیشتری تجمع دارند اما
الگوهای ناخودآگاه بخش جداگانه‌ای در مغز ندارند. ناخودآگاه و خودآگاه
رفتارهای متفاوت مغز هستند و نه بخش‌های متفاوت. اگر خودآگاه را یک قطب
و ناخودآگاه را قطب دیگری فرض کنیم، رفتار متفاوت مغز مجموعه‌ای است

بین این دو قطب، که هر چه از سوی رفتارهای خودکار به سوی رفتارهای غیرخودکار می‌رویم نیاز بیشتری به توجه و نظارت خواهند داشت.

رابطه خاصی بین رفتارهای خودآگاه و ناخودآگاه وجود داشته و یکدیگر را تغذیه، فعال و یا غیرفعال می‌کنند. هر رفتار در یک قسمت می‌تواند بر رفتارهای قسمت دیگر تاثیر بگذارد.

با نگاهی به یافته‌های محققان دانشگاه ویرجینیاتِک آمریکا درباره نقش تعادلی سروتونین و دوپامین در تصمیم‌گیری‌ها (که در بخش تصمیم‌گیری به آن اشاره شد)، می‌توان پرسید که آیا تاثیر باورها، احساس‌ها و برداشت‌های ما در آن لحظه باعث انتشار هورمون‌ها می‌شوند؟ و یا اینکه تاثیر تمام احساسات خوش و ناخوشی که در اثر تجربیات گذشته در حافظه خود ثبت کرده‌ایم باعث انتشار هورمون‌های مختلف می‌شوند؟

اگر بگوییم که تصمیم ما منحصرا محصول تجربیات گذشته‌ای است که در مغز ما خوابیده و ما در آن نقش آگاهانه نداریم در این صورت با یک مجهول بزرگ روبرو می‌شویم: چه عوامل محرکی باعث بیدار شدن بخش‌هایی از حافظه می‌شوند و آن‌ها را وارد فرایند تصمیم‌گیری می‌کنند؟

اگر ترکیب حافظه با اطلاعات دریافتی اکنون در زمان حال این‌چنین تاثیر مستقیم در انتشار دوپامین و سروتونین و در تصمیم‌گیری دارد آیا می‌توان با قاطعیت از عدم اراده آزاد سخن گفت؟

اطلاعاتی که، از ابتدا تا انتهای حیات، در مغز ذخیره می‌شوند برای زندگی افراد بسیار مهم و حیاتی می‌باشند. هر انسان دارای مجموعه‌ای از دستورالعمل‌های داخلی است که چگونگی تصمیم‌ها و واکنش‌های او را

مشخص می‌کنند.

بررسی امکانات حافظه، یعنی در نظر گرفتن تمام اطلاعات ذخیره شده در مغز، از قابلیت‌ها و ضعف‌های فیزیکی و روانی گرفته تا مجموعه الگوها و باورها، و همچنین تمام اطلاعات موجود در مورد خود و غیرخود و روابط بین آن‌ها بر اساس آرشیو حافظه است که مغز من را به یک ارزیابی کلی می‌رساند و آن را در فرآیند تصمیم‌گیری مورد استفاده قرار می‌دهد؛ زیرا مغز ما اطلاعات بسیار دقیقی از امکانات ما داشته و تمام نقاط قوت و ضعف ما را می‌داند.

پروسه ساده شده تصمیم‌گیری را، به‌طورکلی و با جمع‌بندی نظریات مختلف، می‌توان نتیجه ترکیبی سه روند در مغز دانست:

بررسی شرایط بیرون. بررسی امکانات حافظه. پیش‌بینی احتمالات.

منظور از بررسی شرایط بیرون توسط مغز، در نظر گرفتن مجموعه اطلاعاتی است که هم‌اکنون از طریق حسگرها ارسال شده و آگاهی‌های ما نسبت به محیط را تجدید می‌کنند. با بررسی این اطلاعات، مغز ما نسبت به محیط، آگاهی بیشتری پیدا کرده و تلاش می‌کند تا با تجدید کردن لحظه‌ای اطلاعات، درک دقیق‌تری از شرایط بیرون داشته باشد. استفاده از این اطلاعات در فرآیند تصمیم‌گیری و بررسی احتمالات بسیار ضروری است. مغز با بررسی اطلاعاتی که همین لحظه دریافت می‌کند شرایط بیرونی را می‌فهمد و آن را با مجموعه اطلاعات حافظه مقایسه می‌کند تا بتواند واکنشی برگزیند که احتمال بیشترین موفقیت و کمترین آسیب را داشته باشد. به‌عنوان‌مثال، در صورت بروز یک خطر، مغز با بررسی امکانات درونی و ارزیابی دقیق از توانایی و ضعف‌های ما، به این نتیجه می‌رسد که آیا ما قادر به جنگیدن هستیم و یا فرار بهتر است و یا

اینکه توان هیچ‌کدام را نداشته و بهتر است با روش‌های دیگر درصدد نجات خود باشیم. در این‌گونه بررسی‌ها اطلاعات بسیار فراوانی در نظر گرفته می‌شوند و مغز بهتر از هر مدیر دیگری می‌داند که با وضعیت جسمانی و روانی‌ای که دارم و همچنین با ارزیابی دقیق خطر، بهترین تصمیم و واکنش من چه می‌تواند باشد.

یکی از فاکتورهای مهم در پروسه‌های شناخت و تصمیم‌گیری، مقایسه اطلاعات اکنون و گذشته است. اطلاعات حافظه اگرچه به شکل پروتئین و امواج بیوالکتریکی در پروسه تصمیم‌گیری ظهور می‌کنند اما هرکدام نمودی از عینیت‌هایی هستند که ما به‌طور واقعی تجربه کرده‌ایم. تجربیات گذشته ما هرکدام قدرتی دارند که در هنگام رأی‌گیری‌های تصمیم‌گیری، خود را نشان می‌دهند. و با توجه به گستردگی مکان‌های ذخیره اطلاعات در قسمت‌های مختلف مغز می‌توان نتیجه گرفت که هر قسمت از مغز که ذخیره بیشتری از حافظه داشته باشد نقش موثرتری در تصمیم‌گیری‌ها خواهد داشت.

در رابطه با سه روند در پروسه تصمیم‌گیری (بررسی شرایط بیرون. بررسی امکانات حافظه. پیش‌بینی احتمالات.) شاید با یک مثال بتوان بیان روشن‌تری ارائه داد: تصور کنید که انواع لباس و پوشش‌هایی دارید که در طول زندگی، در در منزل خود انبار کرده‌اید تا در صورت نیاز بتوانید مورد استفاده قرار دهید. (این انبار مثالی بسیار ساده از حافظه است). می‌خواهید به جایی بروید و نیاز دارید که لباس مناسبی انتخاب کنید. (یعنی شرایط جدیدی پیش آمده و نیاز به تصمیم‌گیری دارید). شما می‌توانید آزادانه هر لباس و کفشی که دوست دارید انتخاب کنید (یعنی آزادی انتخاب دارید اما در محدوده امکانات موجود). به کجا می‌خواهید بروید؟ خرید، ورزش، محل‌کار، مراسم‌ختم، مهمانی...(این‌ها

شرایط اکنون هستند). انتخاب شما با توجه به امکاناتی که دارید و شرایط موجود انجام می‌شود. به عبارت دیگر، هیچ انتخابی فراتر از امکانات "اطلاعات دیروز" و بررسی "شرایط امروز" نمی‌توان داشت و ما در محدوده آنچه که داریم دارای اختیار می‌باشیم.

امکانات دیروز اشاره دارد به مجموعه حافظه و توان فیزیولوژیک ما، و شرایط امروز نیز وضعیتی است که هم‌اکنون در آن قرار داریم و ما را مجبور می‌کند تا تصمیمی گرفته و واکنشی نشان دهیم.

اگر وضعیت اکنون، شرایط زندان و شکنجه باشد، علاوه بر فشار دوجانبه (از سوی زندانبان و از سوی مکانیسم دفاعی خود) که ما را به واکنش سریع‌تر مجبور می‌کند، با وضعیت جدید و ناشناخته‌ای روبرو می‌شویم که الگوی متناسب با آن را در بایگانی مغز خود نداریم. در این وضعیت دشوار، احتمال اتخاذ تصمیم‌های عجولانه بسیار زیاد می‌شود.

هنگامی که صحبت از "شرایط اکنون" در زندان سیاسی می‌شود باید توجه داشت که اشاره به شرایط متفاوت زندان و شکنجه در لحظه تصمیم‌گیری است و نباید از نظر دور داشت که انسان‌ها دارای توانایی‌های متفاوتی در برخورد با شرایط گوناگون زندان می‌باشند. به عنوان مثال، یک نفر در سلول انفرادی مقاومت بهتری نشان می‌دهد و دیگری در زیر شکنجه‌های جسمی.

مدیریت مغز ما شامل مقدار زیادی از تصمیم‌های خودکار و تکراری، و مقدار کم‌تری تصمیم‌های جدید است، بستگی دارد به شرایط اکنون و تجربیات قبلی. به این جهت تصمیم‌های ما اکثرا جانبدارانه هستند و از الگوهای اتوماتیک شده مغز تغذیه می‌شوند اما با توجه به متغیرهای اکنون، قابلیت

تغییرپذیری دارند بهویژه آن که در شرایط بدونسابقه و کاملا جدیدی مانند زندان و شکنجه قرار بگیریم که هیچگونه پیشبینی دقیقی از قبل در مغز خود نداشتهایم. در این وضعیت، مغز ما با توجه به آنچه که پیش میآید و اطلاعاتی که دریافت میکند به سراغ الگوهای موجود در خود رفته تا اقدام به تصمیم و واکنش کند اما نمییابد. در این لحظه تمام توجه (و یا به قول عدهای: حضور ذهن) خود را به کار میگیرد تا الگویی بسازد و تصمیمی بگیرد. اگر شخص بتواند الگوهای جدیدی بیابد و تصمیمی بگیرد، میشود گفت که در این نوع تصمیمگیریها توجه و خودآگاهی، فعال و ناظر هستند.

شاید بشود اینگونه گفت که استفاده از الگوهای خودکار موجود در مغز به هنگام تصمیمگیری از مشخصههای جبر است اما حضور توجه و خودآگاهی به هنگام تصمیمگیری را میتوان یکی از مشخصههای اختیار دانست.

مغز ما، با توجه به اطلاعات درونی و بیرونی، گذشته و حال، و پیشبینی احتمالات آینده، تصمیمی میگیرد که با توجه به امکانات، بهترین تصمیمی است که میتواند بگیرد. اگر فکر میکنیم که تصمیم گرفته شده مناسب و کافی نبوده است، علت را میتوان در الگوهای بنیادین، تجربیات گذشته، کمیت و کیفیت اطلاعات حافظه و فیزیولوژی مغز افراد جستجو کرد.

اگر مسیری که ما در آن رشد کردهایم را خود انتخاب نکردهایم و هر تجربهاش به طریقی در مغزمان ضبط شده است اما آن "اتاق پر از لباس" متعلق به ما و تنها امکانات گزینشی ما در آن محدوده و شرایط بوده و ما در

داخل این محدوده‌ی زیستی که محصول مرکبی از تجربیات گذشته و شرایط اکنون است، دارای اختیار و آزادی در انتخاب هستیم. اختیاری در محدوده جبرهای زیستی و اجتماعی. مسلما اگر عضوی از جامعه نمی‌بودیم محدودیت‌های کمتری می‌داشتیم و اگر تنها موجود روی زمین بودیم محدودیت‌هایمان بسیار کمتر می‌بود.

اگر تمایل داریم که انسان را دارای اختیار بدانیم، باز نمی‌توان اراده آزاد را خارج از محدوده امکاناتی تعریف کرد که شرایط گذشته واکنون برایمان فراهم می‌آورند، و اگر همچنان بر جبری بودن رفتار انسان اصرار داشته باشیم باید بتوانیم توضیح دهیم که انسان، این ماشین خودکار و بی‌اختیار چگونه به چنین تمدن و تکنولوژی‌ای دست یافته که هیچ ماشین خودکار و بی‌اختیار دیگری نتوانسته است.

مشخص شده است که ارگانیسم هر فردی که بداند آزاد و مختار است کاملا متفاوت عمل میکند تا کسی که احساس می‌کند مجبور است و هیچ اختیاری ندارد. آیا این مساله چیزی را ثابت نمی‌کند؟ اگر "اراده آزاد" یک توهم باشد پس این چیست که ارگانیسم انسان به آن احتیاج دارد تا بتواند بطور هماهنگ و موزون و بهینه به فعالیت‌های روزانه خود بپردازد؟

درست است که محدودیت‌ها بسیارند و اختیار اندک. اما با استفاده از همین حد از اختیار است که درصدی از انسان‌ها، به مبارزه با حکومت‌های فاسد می پردازند و حدود نیمی از مردم (با اشاره به آزمایش‌های میلگرام) می‌توانند انتخاب کنند که شکنجه‌گر نشوند.

با این که یافتن پاسخ مشخص برای مساله جبر و اختیار، به دلیل کافی نبودن اطلاعات ما از اجزا و کارکرد مغز انسان‌ها در حال حاضر امری ناممکن است اما واقعیت امروز ما این است که هیچ موجودی، نه کاملا مختار است و نه کاملا مجبور.

با این که تجربیات گذشته و شرایط اکنون، محدودیت‌ها و مرزهای اختیار ما را تعیین می‌کنند اما الگوهای کلی‌تری در مغز ما وجود دارند که می‌توانند مرزهای جبر و اختیار را جابجا کنند.

برخی از منابع برای علاقه‌مندانی که قصد مطالعه بیشتر دارند.

- Why Torture Doesn't Work by Shane O'Mara
- The Secret Life of the Mind - Mariano Sigman
- The Science of Fate - Hannah Critchlow
- Innate by Kevin J. Mitchell
- The accidental mind by David Linden
- Brain Bugs by Dean Buonomano
- Consciousness by Stanislas Dehaene
- Consciousness by Hannah Critchlow
- The Brain with David Eagleman
- Incognito by David Eagleman
- Your Brain Is a Time Machine by Dean Buonomano
- Being You by Anil Seth
- The Molecule of More by Daniel Z. Lieberman, M. E. Long
- The Chimp Paradox by Steve Peters
- Cure by Jo Marchant
- The Science of Sleep by Heather Darwall-Smith
- The Brain That Changes Itself by Norman Doidge
- Free Will by Mark Balaguer
- Free Will by Sam Harris
- The Problem of Free Will - Mathew Iredale
- Fk Your Feelings by Ryan Munsey
- Behave: The Biology of Humans at Our Best and Worst by Robert M. Sapolsky
- The New Science of Sleep and Dreams by Matthew Walker
- Secrets of Sleep Science by Craig H. Heller
- Torture and its neurological sequelae_Clinical Review by A. Moreno & MA. Grodin